ठेठ हिन्दी का ठाट

ठेठ हिन्दी का ठाट

अयोध्यासिंह उपाध्याय 'हरिऔध'

वाणी प्रकाशन

वाणी प्रकाशन

'लोगो' वाणी प्रकाशन : मक़बूल फ़िदा हुसेन

वाणी प्रकाशन, 4695, 21-ए, दरियागंज, नयी दिल्ली-110002

वाणी प्रकाशन, अशोक राजपथ (पटना कॉलेज के सामने), पटना (बिहार)

THETH HINDI KA THAAT

by Ayodhyasingh Upadhyaya 'Hariaudh'

Novel

ISBN : 978-93-5000-540-8

संस्करण 2011

मूल्य : 150/-

वाणी प्रकाशन

फोन : 0091#11#23273167, फोन व फैक्स 23275710

वेबसाइट : www.vaniprakashan.in

ई-मेल : vaniprakashan@gmail.com

जी.एस. ऑफसेट द्वारा दिल्ली-110032 में मुद्रित

प्रस्तुति

'ठेठ' पद तब एक मानक की तरह स्थापित हो रहा था। रोजमर्रा में लोगों द्वारा बोली बरती जाने वाली भाषा ही 'ठेठ' मानी गयी। हरिऔध से पूर्व इंशा अल्लाह खां की बनाई हिन्दी भाषा की 'पहली पुस्तक' 'कहानी ठेठ हिन्दी' को उद्धृत करते हुए हरिऔध 'उपोद्घात' में कहते हैं कि इंशा अल्लाह खां की ठेठ हिन्दी की परिभाषा ही उनकी परिभाषा है जिसमें 'हिन्दवीपन भी न निकले भाखापन भी न ठुँस जाए—जैसे भले लोग अच्छों से अच्छे आपस में बोलते चालते हैं, ज्यों का त्यों वही सब डौल रहे—और छाँह किसी की न पड़े।' हरिऔध अपना मत इस प्रकार कहते हैं : 'जहाँ भाषा गँवारी बनती हो, और कोई उपयुक्त शब्द न मिलता हो, वहाँ दो या तीन अक्षर का अत्यन्त प्रचलित शुद्ध संस्कृत शब्द रखने से भाषा ठेठ हिन्दी ही रहेगी!' स्पष्ट है हरिऔध का बल जहाँ हिन्दी का 'अपभ्रंश' शब्द मिलता हो, वहाँ किसी अत्यन्त प्रचलित शुद्ध संस्कृत शब्द का प्रयोग भी न करना चाहिए। ये हिन्दी के निर्माण के पद्धतिगत पहलू हैं जो प्रकट हुए हैं।

यह प्रकरण हिन्दी भाषा के 'विमर्श' के इस मुकाम को समझने के लिए उपयोगी है। यही सुस्थापित होता है कि हिन्दी हरिऔधी समय में एक खास किस्म के 'मानकीकरण' के लिए विकल हो रही थी और संस्कृत के 'दो या तीन अक्षर वाले अत्यन्त प्रचलित शुद्ध संस्कृत शब्द' के 'सजग ग्रहण' के मार्ग की ओर मुड़ रही थी। 'ठेठ हिन्दी का ठाट' एक ओर तत्कालीन प्रचलित हिन्दी (अपभ्रंश) और उसका किंचित 'ठेठ हिन्दी का ठाट' न केवल एक उपन्यास है बल्कि हिन्दी भाषा को लेकर लिखा गया शायद पहला प्रयोग है जिसे 'हरिऔध' ने अपने समय की भाषा सम्बन्धी बहसों से पैदा हो रहे सवालों के प्रति उत्तर स्वरूप लिखा।

हरिऔध ने इस 'साधारण उपन्यास' का 'समर्पण' 'श्रील श्रीयुत महामान्य, अशेष गुणगणालंकृत, विद्वज्जन-मण्डलीमण्डन, विविध विरुदावली विभूषित, श्री 5 युत जी. ए. ग्रियर्सन' को किया। समर्पण पृष्ठ पर बाजाप्ता ग्रियर्सन साहब की तारीफ के पुल बाँधे। आगे कहा कि महाराजकुमार बाबू रामदीन सिंह जी द्वारा 'आज्ञापित होकर' लिपिबद्ध हुआ है, अतः मैं इसको आप ही के कर कमलों में सादर समर्पित करता हूँ। (30 मार्च सन्

1899 ई.)। 'उपोद्घात' 'ठेठ हिन्दी का ठाट' की समूची रचना प्रक्रिया का परिचय देता है, साथ ही इसकी 'स्वीकृति' पर प्रकाश डालता है। यह 'उपोद्घात' अत्यन्त रोचक है। यहाँ हिन्दी भाषा के 'मानकीकरण' सम्बन्धी समस्याओं का महत्त्वपूर्ण पक्ष-विपक्ष, तर्क-वितर्क की पद्धति और स्तर सम्बन्धी पहलुओं का परिचय होता है।

उन्नीसवीं शताब्दी के उत्तरार्द्ध में हिन्दी भाषा के 'शब्दकोश' के निर्धारण पर गम्भीर बहस उठी। मानक भाषा की परिधि में शामिल किए जा सकने वाले रोजमर्रा में काम आने वाले शब्द, अन्य भाषा-शब्दों की तर्कपूर्ण पड़ताल करना, प्रचलित हिन्दी की अपर्याप्तता और उसकी नयी आपूर्ति के सतर्क प्रबन्धन के यत्न प्रायोगिक मानकीकरण की माँग पेश कर रहे थे।

'ठेठ हिन्दी का ठाट' अयोध्यासिंह उपाध्याय 'हरिऔध' रचनावली का हिस्सा है। आम पाठक के लिए 'ठेठ हिन्दी का ठाट' अलग पुस्तक रूप में उपलब्ध अक्सर नहीं हो पाता जबकि यह हिन्दी के विकास की समकालीन बहसों के लिए उपादेय लगता है। उपन्यास के रूप में भी यह दिलचस्प है। 'देवबाला' और 'देवनन्दन' की 'आदर्शोन्मुखी प्रेमकथा' बहुत सरल और अनाटकीय शैली में कही गयी है। चरित्रों को अचानक ईश्वरीय आभा से युक्त कर देना, उस युग की रचनारूढ़ि रही। कष्ट, सहनशीलता, त्याग और 'परदुःखकातरता' कुछ ऐसे पूर्व स्वीकृत मूल्य हैं जो 'ठेठ हिन्दी का ठाट' और हरिऔध के दूसरे उपन्यास 'अधखिला फूल' में सक्रिय हैं। उसकी भूमिका 'ठेठ हिन्दी के ठाट' को समझने में महत्त्वपूर्ण है। यहाँ प्रचलित हिन्दी (अपभ्रंश) और स्तरीय हिन्दी का द्वन्द्व स्पष्ट है। एक बार फिर इन कृतियों को पढ़ना, एक इतिहास से गुजरना है। यह इस पुस्तक की अतिरिक्त विशेषता है। इसी खातिर 'ठेठ हिन्दी का ठाट' को अलग से प्रस्तुत किया जा रहा है।

प्रस्तुति : **सुधीश पचौरी**

अनुक्रमणिका

ठेठ हिन्दी का ठाट

अर्थात्

ठेठ हिन्दी में लिखी गयी एक मनलुभानेवाली कहानी

समर्पण

श्रील श्रीयुत महामान्य, अशेष गुणगणालंकृत, विद्वज्जन-
मण्डलीमण्डन, विविध विरदावली विभूषित,
श्री 5 युत जी. ए. ग्रियर्सन बी. ए. आई. सी.
एस. सी. आई. ई. पी. एच. डी. इत्यादि
सज्जनशिरोभूषणेषु!

महात्मन्!

मैं एक साधारण जन हूँ, आप मुझसे सर्वथा अपरिचित हैं। किन्तु महानुभाव की सत्कीर्ति कलकौमुदी, हिमधवलशृंगसमूह विमण्डित हिमाचल से, भारतसमुद्र के उत्तालतरंगमालाविधौत कन्याकुमारी अंतरीप तक सुविकीर्ण है। आज उसकी नैसर्गिक शीतलता पर भारतवर्ष का प्रत्येक पठित समाज विमुग्ध है, और प्रत्येक सुशिक्षित व्यक्ति उसकी मनः प्राण परितोषिणी माधुरी पर आसक्त। इसी सूत्र से मुझ अल्पज्ञ को भी आप से परिचय रखने की प्रतिष्ठा प्राप्त है और यही कारण है जो आज मैं आपकी सेवा में एक सदुपहार लेकर उपस्थित होने का साहसी हुआ हूँ। उपहार अपर कश्चित वस्तु नहीं मेरा ही निर्माण किया हुआ 'ठेठ हिन्दी का ठाट' नामक एक साधारण उपन्यास है, किन्तु यतः यह आप ही की प्रेरणा से महाराजकुमार बाबू रामदीन सिंह जी द्वारा आज्ञापित होकर लिपिबद्ध हुआ है, अतः मैं इसको आप ही के कर कमलों में सादर समर्पित करता हूँ, आशा है आप इसको ग्रहण कर मेरे आन्तरिक अनुराग की परितृप्ति साधन कीजियेगा। विशेष निवेदन कर मैं आपके अमूल्य समय को विनष्ट नहीं करना चाहता।

आश्रित
अयोध्यासिंह उपाध्याय

30 मार्च
सन् 1899 ई.

उपोद्घात

एक वर्ष बीतने पर है, हमारे अमायिकबन्धु महाराजकुमार बाबू रामदीन सिंह जी ने मुझसे ठेठ हिन्दी की कोई पुस्तक लिखने के लिए अनुरोध किया था, मैं भी उनकी आज्ञानुसार उसी समय इस कार्य के सम्पादन के लिए दत्तचित्त हुआ था, किन्तु कतिपय कारणों और दुर्निवार विघ्नों के एकत्र समावेश होने से अब तक मैं उस कार्य की पूर्त्ति से अमनोरथ रहा हूँ। किन्तु आज मैं बहुत प्रसन्न हूँ कि जिस विषय पर एक वर्ष से लक्ष्य रहा है, वह आज मेरे हस्तगत हुआ है। आज ठेठ हिन्दी में एक उपन्यास लिखकर मैंने उसको पूरा किया, आशा है उक्त बाबू साहब को भी इससे यथेष्ट आनन्द होगा।

जहाँ तक मेरा अनुभव है मैं कह सकता हूँ, ठेठ हिन्दी में अब तक केवल एक ग्रन्थ लिखा गया है, और वह लखनऊ के प्रसिद्ध कवि 'इनशा अल्लाह खाँ' की बनाई 'कहानी ठेठ हिन्दी' है। जो मेरा यह विचार ठीक है, और मैं भूलता नहीं हूँ, तो कहा जा सकता है कि मेरा 'ठेठ हिन्दी का ठाट' नामक यह उपन्यास ठेठ हिन्दी का दूसरा ग्रन्थ है।

अब देखना यह है कि वास्तव में मेरा उपन्यास ठेठ हिन्दी में लिखा जा सका है, या नहीं? इस बात की मीमांसा के लिए पहले इस बात की परिभाषा होनी चाहिए कि ठेठ हिन्दी किसे कहते हैं? परिभाषा करने के लिए हमको यह विचारना आवश्यक है कि इस विषय में पहले किसी महाशय ने कुछ लिखा है, या नहीं? सबसे पहले हम 'कहानी ठेठ हिन्दी' ही पर दृष्टि डालते हैं, उसमें ग्रन्थकार ने लिखा है–

"अब यहाँ से लिखने वाला यों लिखता है, कि एक दिन बैठे-बैठे यह बात अपने ध्यान चढ़ी कोई कहानी ऐसी कहिये जिसमें हिन्दवी छुट और किसी बोली की पुट न मिले, तब जाके मेरा जी फूल की कली के रूप खिले, बाहर की बोली और गँवारी कुछ उसके बीच में न हो। अपने मिलनेवालों में से एक कोई बड़े पढ़े-लिखे पुराने धुराने डाग, बड़े घाग, यह खटराग लाये, सिर हिलाकर नाक भौं चढ़ा कर आँखें पथरा कर लगे कहने यह बात होती नहीं दिखाई देती। हिन्दीपन भी न निकले, भाखापन भी न ठुस जाय, जैसे भल लोग अच्छों से अच्छे आपस में बोलते चालते हैं, ज्यों का त्यों वही सब डौल रहे, और छाँह किसी की न पड़े, यह नहीं होने का"।

इतने बड़े वाक्य में हमारे काम की इतनी बातें हैं, “हिन्दवी छुट और किसी बोली की पुट न मिले, बाहर की बोली और गँवारी कुछ उसके बीच में न हो। हिन्दवीपन भी न निकले भाखापन भी न ठुस जाय--जैसे भले लोग अच्छों से अच्छे आपस में बोलते चालते हैं ज्यों का त्यों वही सब डौल रहे--और छाँह किसी की न पड़े”। ग्रन्थकार को बहुत संकीर्ण मार्ग से चलना पड़ा है इसलिए वह अपने अभिप्राय को स्पष्टतया नहीं प्रकाश कर सके हैं और पुनरुक्ति दोष से भी लिप्त हुए हैं। किन्तु उनके लेख का अभिप्राय यह है, कि “जैसे शिक्षित लोग आपस में बोलते चालते हैं भाषा वैसी ही हो, गँवारी न होने पावे, उसमें दूसरी भाषा अरबी, फारसी, तुर्की, अँग्रेजी इत्यादि का कोई शब्द शुद्ध रूप या अपभ्रंश रूप से न हो, भाषा अपभ्रंश संस्कृत शब्दों से प्रयुक्त हो, और यदि कोई संस्कृत शब्द उसमें आवे भी तो वही, जो अत्यंत प्रचलित हो, और जिस को एक साधारण जन भी बोलता हो।” जहाँ तक मैं समझता हूँ ठेठ हिन्दी की परिभाषा भी यही हो सकती है। क्योंकि जब दूसरी ओर दृष्टि दौड़ाते हैं, तो भी वही सिद्धान्त निश्चित होता है, जिसको मैंने ऊपर निरूपण किया है। वह दूसरी ठौर भारतेन्दु बाबू हरिश्चन्द्र की बनाई ‘हिन्दी भाषा’ नाम की पुस्तिका है, उसमें जो उन्होंने नम्बर 3 की शुद्ध हिन्दी का नमूना दिया है, वही ठेठ हिन्दी है। शुद्ध और ठेठ शब्द का अर्थ लगभग एक ही है। वह नमूना यह है--

“पर मेरे प्रीतम अब तक घर न आये, क्या उस देश में बरसात नहीं होती, या किसी सौत के फन्दे में पड़ गये, कि इधर की सुध ही भूल गये। कहाँ तो वह प्यार की बातें कहाँ एक लंग ऐसा भूख जाना कि चिट्ठी भी न भिजवाना, हा! मैं कहाँ जाऊँ कैसी करूँ, मेरी तो ऐसी कोई मुँह बोली, सहेली भी नहीं कि उससे दुखड़ा रो सुनाऊँ, कुछ इधर उधर की बातों ही से जी बहलाऊँ”।

इन कतिपय पंक्तियों पर दृष्टि देने से जान पड़ता है कि जितने शब्द इनमें आये हैं, वह सब प्रायः अपभ्रंश संस्कृत शब्द हैं, प्रीतम शब्द भी शुद्ध संस्कृत शब्द प्रियतम का अपभ्रंश है। विदेशी भाषा का कोई शब्द वाक्य भर में नहीं है हाँ! ‘कि’ शब्द फारसी है, जो इस वाक्य में आ गया है, पर यह किसी विवाद के सम्मुख न उपस्थित होने के कारण, असावधानी से प्रयुक्त हो गया है। अन्यथा उनको “जिसमें किसी भाषा के शब्द आने का नियम नहीं है” यह शीर्षक देकर नम्बर 4 की भाषा न सृष्टि करनी पड़ती। उक्त वाक्य में देश, एक, संग शब्द भी आये हैं, यह सब शुद्ध संस्कृत शब्द हैं, किन्तु शुद्ध संस्कृत होने पर भी ऐसे शब्द हैं, जिनको एक साधारण जन भी बोलता है, और ठेठ हिन्दी शब्द के समान हैं, इसीलिए शुद्ध हिन्दी के वाक्य में इन शब्दों का रखना उन्होंने अनुचित नहीं समझा; यदि कोई कहे ‘देश’ शब्द वास्तव में ‘देस’ है, हस्तदोष या छापे की अशुद्धि के कारण देश हो गया है, क्योंकि साधारण लोग ‘देस’ ही बोलते हैं, तो शेष दो शब्दों के

शुद्ध संस्कृत होने में कोई सन्देह है, और ऐसी अवस्था में ठेठ हिन्दी लिखने के लिए इस अन्तिम नियम होने की भी बहुत आवश्यकता है, कि "यदि उसमें कोई संस्कृत शब्द आये भी तो वही जो अत्यंत प्रचलित हो और जिसको एक साधारण जन भी बोलता हो" क्योंकि बिना इस नियम के शिक्षित लोगों के बोलचाल की रक्षा ठेठ हिन्दी लिखने में नहीं हो सकती, यद्यपि मैं यह स्वीकार करता हूँ कि इस शिक्षित लोगों की बोलचालवाले नियम की रक्षा ठेठ हिन्दी लिखने के समय कहीं कहीं नहीं होती है, किन्तु उस अवस्था में हम लोगों को अधिकतर उसकी रक्षा न करने के लिए बाध्य होना पड़ेगा। सोचने का स्थान है कि जो शुद्ध संस्कृत शब्द अपभ्रंश संस्कृत शब्द से ही अधिक प्रचलित है, जिनको एक साधारण जन भी बोलता चालता है जैसे, माला, सुख, धन, दूर, उपाय, इत्यादि, वह ठेठ हिन्दी के शब्द क्यों न समझें जावें और तब वह ठेठ हिन्दी के शब्द हैं, तो उनका व्यवहार ठेठ हिन्दी लिखने में क्यों न किया जावेगा, और ऐसी अवस्था में उक्त नियम की उपयुक्तता आप प्रकट है।

कहानी ठेठ हिन्दी, जो इस भाषा की पहली पुस्तक है, उसके पढ़ने से यह विषय और स्पष्ट होगा, मैं कतिपय वाक्य उक्त ग्रन्थ के जिनमें प्रचलित संस्कृत शब्द का प्रयोग ग्रन्थकार ने किया है, नीचे उद्धृत करता हूँ—

"जिसका भेद किसी ने न पाया उस फल की मिठाई चक्खे—मरतों को जी दान दिये—इतने बरस उसी ध्यान में रहें—मेरा जी फूल की कली के रूप खिले—राई को पर्वत कर दिखाऊँ—बिजली से भी बहुत चंचल औ चपलाहट में है—उदास मत रहा करो—ब्राह्मण की हत्या का धड़का न होता—प्रीति का मारा—अधर में सिंहासन पर बैठ कर लदाये फिरता था—जब इसे अजन करे, इत्यादि"

मैं यह स्वीकार करता हूँ कि 'कहानी ठेठ हिन्दी' के लेखक ने उन नियमों में से एक की भी रक्षा पूरी पूरी नहीं की है, जिसको मैंने ऊपर उन्हीं के लेख की छाया लेकर प्रकाश किया है, क्योंकि उनके लेख में वनस्पति औ कलधौत इत्यादि अप्रचलित संस्कृत शब्द, सम्मुख और चंचल इत्यादि ऐसे शब्द जिनके स्थान पर अपभ्रंश संस्कृत शब्द प्राप्त हो सकते हैं, ठठिया, टहोका इत्यादि गँवारी शब्द, और 'अय', 'कूक' इत्यादि दूसरी भाषा के शब्द भी मौजूद हैं, किन्तु ऐसा उनके अमनोनिवेश और इस कारण से हुआ है, कि उस समय की उर्दू कविता में प्रायः चंचल और सम्मुख इत्यादि शब्दों का प्रयोग देखने में आता है, उद्देश्य उनको ऐसा न था। हाँ! भारतेन्दु बाबू हरिश्चन्द्र की लिखी शुद्ध हिन्दी की कतिपय पंक्तियाँ जो ऊपर प्रकाश की गयी हैं, उनमें निस्सन्देह उक्त नियमों का निर्वाह हुआ है, और मैं समझता हूँ, ठेठ हिन्दी लिखने के विषय में उनको एक उत्तम आदर्श मानना उचित है।

जो किसी को अपभ्रंश संस्कृत शब्दों ही द्वारा ठेठ हिन्दी लिखने का आग्रह हो, और ऐसी अवस्था में ऊपर प्रकाश किये गये नियमों में से अन्तिम नियम की उपेक्षा कर वह शेष नियमों के अनुसार कार्य कर दिखावे, तो यह उसकी अपूर्व चिन्ता और अलौकिक मनोनिवेश का फल होगा। किन्तु मेरी अनुमति यही है कि ठेठ हिन्दी लिखने के लिए अन्तिम नियम की भी आवश्यकता है, वरन मैं कह सकता हूँ कि बिना इस नियम को कार्य में परिणत किये ठेठ हिन्दी लिखना एक प्रकार असम्भव है।

ऊपर जो नियम प्रकाश किये गये हैं, उन्हीं पर दृष्टि रख के मैंने 'ठेठ हिन्दी का ठाट' नामक उपन्यास लिखा है। और चेष्टा ऐसी ही की है, जिससे उक्त उपन्यास ठेठ हिन्दी का उपन्यास कहलाने के उपयुक्त हो, किन्तु मैं इस विषय में लब्ध काम हुआ हूँ, या नहीं, इस विषय का विचार चिन्ताशील, सहृदय, भाषामर्म्मज्ञों के ऊपर छोड़ता हूँ।

उक्त नियमों के अनुसार मैंने अपने उपन्यास में जहाँ कोई अपभ्रंश संस्कृत शब्द नहीं मिल सका है, या मिला भी है तो उस शब्द के रखने से भाषा के गँवारी बनने की आशंका दिखलाई पड़ी है, वहाँ अत्यन्त प्रचलित शुद्ध संस्कृत शब्द लिखा है, किन्तु यह शब्द भी दो या तीन ही अक्षर का शुद्ध संस्कृत शब्द है, जिससे भाषा कठिन नहीं हो सकी है, जैसे माला, सुख, दूर, पती, कुल, रीति, जग, देह, रोग, धन, उपाय, उदास इत्यादि। मैं समझता हूँ संकीर्ण स्थलों पर ऐसे शब्दों के प्रयोग से भाषा के ठेठ हिन्दी होने में कोई शंका नहीं हो सकती। और मेरा विचार है कि जहाँ भाषा गँवारी बनती हो, और कोई उपयुक्त शब्द न मिलता हो, वहाँ दो या तीन अक्षर का अत्यन्त प्रचलित शुद्ध संस्कृत शब्द रखने से भाषा ठेठ हिन्दी ही रहेगी। वर्त्तमान काल की समाचारपत्रों, वा पुस्तकों की प्रचलित साधु भाषा न बन जावेगी। हाँ! यह अवश्य है कि जहाँ उपयुक्त अपभ्रंश संस्कृत शब्द मिल सकता हो, वहाँ किसी अत्यन्त प्रचलित शुद्ध संस्कृत शब्द का भी प्रयोग न करना चाहिए।

भाषा का विषय बहुत गम्भीर है, इदमित्थं नहीं कहा जा सकता, किन्तु इस विषय में मेरा जो विचार है, उसी को मैंने आज इस लेख द्वारा प्रकट किया है। जो मननशील भाषा मर्म्मज्ञ जन इस विषय में कोई दूसरा स्वतन्त्र मत रखते हों, तो उसके विषय में मुझको कुछ वक्तव्य नहीं है। किन्तु वह लोग जो मेरे इस लेख और उपन्यास को पढ़ कर उदार भाव से इस विषय में कुछ लिखेंगे, या उचित अनुमति प्रकाश करेंगे, तो मैं अत्यन्त अनुग्रहीत हूँगा, विशेष लिख कर इस लेख के बढ़ाने की आवश्यकता नहीं।

मधुबन **पं. अयोध्यासिंह**

30/3/99

ठेठ हिन्दी का ठाट

दोहा

ललकि ललकि लोयनन तेहि, लखि लखि होहु निहाल।
लाली इत उत की लहत, लहे जीव जेहि लाल॥

पहला ठाट

एक ग्यारह बरस की लड़की अपने घर के पास की फुलवारी में खड़ी हुई किसी की बाट देख रही है। सूरज डूबने पर है, बादल में लाली छाई हुई है, बयार जी को ठंढा करती हुई धीरे धीरे चल रही है। थोड़ी बेर में सूरज डूबा, कुछ झुटपुटा सा हो गया, फुलवारी के एक ओर से कोई उसी ओर आता दीख पड़ा, जिस ओर वह लड़की खड़ी थी। कुछ बेर में वह आकर उस लड़की के पास खड़ा हो गया, लड़की ने देख कर कहा, देवनन्दन अब तक कहाँ थे? मैं बहुत बेर से यहाँ खड़ी तुमको अगोर रही हूँ।

देवनन्दन चौदह पन्दरह बरस का लड़का है, उसके सुडौल गोरे मुखड़े, अच्छे हाथ पाँव, छरहरी डील, ऊँचे और चौड़े माथे, लम्बी बाँहें, और जी लुभानेवाली बड़ी बड़ी आँखों के देखने से जान पड़ता है जयंत सरग छोड़ कर धरती पर उतरा है। यह लड़का उसी गाँव में रहता है जहाँ वह लड़की रहती है, छोटेपन से ही दोनों दोनों को चाहते आये हैं। देवनन्दन तीसरे चौथे जब छुट्टी पाता, इस लड़की से आकर मिलता। यह लड़की भी बड़े चाव से उससे मिलती और अपनी मीठी मीठी बातों से उसके जी को लुभाती। लड़की जानती थी, आज देवनन्दन आवेगा, इसी से पहले से उसकी बाट देख रही थी, वह आया भी, पर कुछ अबेर कर के, इसीलिए लड़की ने उससे पूछा, देवनन्दन अब तक तुम कहाँ थे?

उसकी बातों को सुनकर देवनन्दन ने पहले प्यासी आँखों से उसको देखा, पीछे कहा—

"देवबाला! क्या मैं तुमको भूल सकता हूँ, पर क्या करूँ आज गुरु जी ने छुट्टी सूरज डूबने पर की, इसी से यहाँ आने में कुछ अबेर हो गयी, क्या मैं जो थोड़ी बेर और न आता, तो तू यहाँ से चली जाती?"

"हाँ भाई! क्या करती, अँधेरा होने पर यहाँ ठहर तो नहीं सकती, माँ जो कुढ़ने लगती हैं।"

देवनन्दन—तो फिर हमसे तुमसे आज भेंट कैसे होती?

देववाला—कैसे होती, इसी से तो कहती हूँ, तुम जैसे पहले मेरे घर आया करते थे, उसी भाँति अब भी आया करो। माँ भी एक दिन कहती थीं, बहुत दिन हुआ देवनन्दन को मैंने नहीं देखा।

देवनन्दन—तुमारे घर आने में मुझे कौन अटक है, पर देखो यही दिन पढ़ने लिखने के हैं, जो इधर उधर घूम फिर कर इनको बिता दूँगा, तो फिर पढ़ना लिखना कैसे आवेगा।

देवबाला ने रूठ कर कहा, क्या हमारे घर आना इधर उधर घूमना है। हमारे घर घड़ी आध घड़ी के लिए आओगे, तो क्या इसी में तुम्हारा पढ़ना लिखना न हो सकेगा।

देवनन्दन ने हँस कर कहा, अच्छा अब मैं फिर तुमारे घर कभी कभी आया करूँगा। आँचल के नीचे क्या छिपाये हो देवबाला?

देवबाला—क्या देखोगे?

देवनन्दन—हाँ देखूँ, क्या है।

देवबाला ने आँचल हटा कर दिखलाया। देवनन्दन ने देखा, फूलों से बनी हुई एक बहुत ही अच्छी माला है।

देवनन्दन ने पूछा—"यह माला तुमने क्यों बनाई है देवबाला?"

देवबाला—बतलाओ देखें।

देवनन्दन—हम कैसे बतलावें, हम तुमारे जी की बात कैसे जान सकेंगे।

देवबाला—क्या तुम हमारे जी की बात नहीं जानते, जो नहीं जानते तो हम से मिलने के लिए यहाँ कैसे आया करते हो।

देवनन्दन ने देखा इन बातों के कहते कहते लाज से उसकी आँखें नीची हो गयीं। गाल की लाली कुछ और गहरी हो गयी। जिससे उसका आप ही सुहावना मुखड़ा और भला दिखलाई देने लगा।

देवनन्दन ने कहा—हाँ यह तो जानते हैं, तुम हमको प्यार करती हो, हमको देख कर फूली नहीं समाती हो, और इसीलिए हम तुमसे मिलने के लिए बड़े चाव से आते हैं। पर माला की बात तो निपट नयी है, हम इसको भला कैसे बता सकते हैं।

देवबाला ने कहा—क्या जिसको कोई प्यार करता है, कुछ अच्छा मिलने पर वह उसको उसे देना नहीं चाहता।

देवनन्दन—क्या यह माला तुमको यहीं मिली है?

देवबाला—नहीं माला नहीं, फूल मिला है, माला मैंने बनाई है।

देवनन्दन—तुमने मेरे लिए इतना कुछ किया है, अच्छा लाओ देखें?

देवबाला–क्या मेरे हाथ में तुम नहीं देख सकते हो, पहनो तो दूँ।

देवनन्दन–अच्छा दो, पहनूँगा।

देवबाला ने धीरे धीरे अपने बड़ के नये पत्ते से हाथों को बढ़ा कर वह फूल की माला देवनन्दन के हाथों में दी। देवनन्दन ने प्यार के साथ अपने हाथों से उस माला को लेकर गले में पहन लिया।

देवबाला ने देखकर कहा–देवनन्दन! तुमारे गले में यह माला बहुत ही भली लगती है, अब जब जब तुम आओगे, मैं तुमको एक माला बना कर दिया करूँगी।

देवनन्दन ने बहुत ही प्यार के साथ उसकी इन बातों को सुना। इसी बीच अँधेरा होने लगा। देवबाला ने कहा, अब अँधेरा हुआ जाता है, मैं यहाँ ठहर नहीं सकती।

देवनन्दन ने कहा–तो अच्छा तुम जाओ, अब मैं भी जाता हूँ।

यह सुनकर फुलवारी की एक ओर से धीरे धीरे देवबाला घर चली गयी। पीछे देवनन्दन भी कुछ सोचते सोचते फुलवारी से बाहर हुआ।

दूसरा ठाट

देवबाला की माँ का नाम हेमलता है। यह देवनन्दन को बहुत चाहती, जब वह घर आता, यह उसका बड़ा लाड़ प्यार करती, वह सोचती, फूल सी मेरी लाड़िली के लिए, कौल से देवनन्दन को छोड़ और कोई जोग बर नहीं हो सकता। घर में जब यह दोनों साथ खेलते, उस घड़ी हेमलता की आँखों को इनकी जोड़ी देखकर बड़ा सुख मिलता। जब यह दोनों छोटे थे, उन दिनों हेमलता इन को कभी कभी फूलों से सजाती, और दोनों को अपनी गोद में बैठाल कर सरग सुख लूटती। जब से देवनन्दन सयाना हुआ है, लाज से बहुत हेमलता के घर न आता था, और इसीलिए फुलवारी में देवबाला को उलहना देना पड़ा था। पर जब कभी वह आता, हेमलता उसी भाँति उसको प्यार करती, उसी भाँति देवबाला के साथ उसको मिलने जुलने और खेलने देती। हेमलता भले घर की पतोहू है, वह जानती थी ग्यारह बरस की लड़की का चौदह पन्दरह बरस के पराये लड़के के साथ मेलजोल भलेमानसों की चाल नहीं है। पर जो बात उसके जी में थी, उससे वह दोनों के आपस के नेह में कोई बुराई न समझती। घर की फुलवारी में भी देवबाला के पास देवनन्दन को आने जाने से न रोकती।

एक दिन हेमलता अपने पति रामकान्त के पास बैठी हुई पंखा झल रही थी, इधर उधर की बातें हो रही थीं, इसी बीच देवबाला की बात उठी। हेमलता ने कहा—"देवबाला ग्यारह बरस की हो गयी अब उसका ब्याह हो जाना चाहिए, मैं चाहती हूँ इस बरस आप इस काम को कर डालें।"

रामकान्त ने कहा—"यह बात मेरे जी में भी बहुत दिनों से समाई है, मैं भी इस बरस उसका ब्याह कर देना चाहता हूँ, पर क्या करूँ कहीं जोग घर बर नहीं मिलता, एक ठौर ब्याह ठीक भी हुआ है, तो वहाँ पाँच सौ रोक माँगते हैं। इसी से कुछ अटक है, नहीं तो इस बरस ब्याह होने में और कोई झंझट नहीं है।"

हेम—क्या आप मेरी बात न मानेंगे? मैं कई बार आप से कह चुकी हूँ, देवबाला के जोग देवनन्दन ही है। आप क्यों नहीं देवबाला का ब्याह देवनन्दन के साथ कर देते। देवनन्दन से बढ़ कर बर कहाँ मिलेगा।

राम—मैं तुमको कहाँ तक समझाऊँ, देवनन्दन का ब्याह हमारी लड़की के साथ नहीं हो सकता। यह मैं जानता हूँ, देवनन्दन का बाप बड़ा धनी है; देवनन्दन भी देखने सुनने पढ़ने लिखने सब बातों में अच्छा है, पर हाड़ में तो अच्छा नहीं है!

हेम—कैसा! हाड़ में अच्छा नहीं है कैसा! मैं तो जानती हूँ उसके ऐसा सुघर सजीला लड़का इस गाँव भर में कोई दूसरा नहीं है।

राम—जो तुमको यही समझ होती, तो मुझको इतनी सिरखप क्यों करनी पड़ती। मैं यह कहता हूँ, उसके घर की लड़की का ब्याह मेरे यहाँ हो सकता है, मेरे घर की लड़की उसके यहाँ नहीं दी जा सकती। वह जात में मुझसे उतरकर है।

हेम—यह कैसी बात! जिसकी लड़की लेते हैं, जिसके यहाँ भात खाते हैं, वह जात में कैसे उतरा कहा जा सकता है। मैं समझती हूँ ऐसी ठौर लड़की देने में कोई बुराई नहीं है।

राम—तुमारी समझ ही कितनी! तिरिया ही न हो; बाप दादे से जो बात होती आती है, उसको कोई कैसे छोड़ सकता है। क्या लोगों के हँसने का डर तुमको नहीं है?

हेम—हँसने का डर कैसा? जान बूझ कर बुरा काम न करना चाहिए, भला काम करने पर कोई हँसे, हँसा करे। फिर जो समझवाले हैं, पढ़े लिखे हैं, भले हैं, वह ऐसी बातों पर हँसते नहीं, कोई थोड़ी समझ का, अनपढ़, गँवार और नंगा लुच्चा हँसे हँसा करे इसमें कोई बुराई नहीं। बाप दादे जो कर गये हैं, वही करना चाहिए, पर बाप दादे ने जो कुछ भूल की हो, कोई बुरा काम किया हो, उसको न करना ही सब लोग अच्छा समझते हैं। आप ने जहाँ देवबाला का ब्याह ठीक किया है, मैं जानती हूँ। देवपुर के दयासंकर पांड़े के लड़के रमानाथ से आप देवबाला का गँठजोड़ा करना चाहते हैं। भला बताइये तो रमानाथ सा अनपढ़, काला कलूटा, गाँव भर का नंगा लड़का ही देवबाला के लिए जोग बर है, दयासंकर के छप्पर के झोंपड़े ही देवबाला सी दुलारी और प्यारी लड़की के रहने जोग घर है। जनम भर के लिए लड़की धूल में मिला दी जावे, यह कोई हँसी की बात नहीं है। लड़की को अच्छा खाना न मिले, अच्छा कपड़ा न मिले वह अनपढ़, गँवार, मूफट्ट, लोहलट्ठ के पाले पड़ कर जनम भर जला करे, यह हँसी की बात नहीं है, दुख की बात नहीं है। पर जोग बर के साथ अच्छे घर में लड़की देना, सो भी उसके यहाँ जिसकी लड़की लेते हैं जिसका भात खाते हैं, हँसी की बात है। जो हँसी हँसनेवाले के मूँ तक ही रहती है, जिस हँसी से हमारा कुछ बिगाड़ नहीं हो सकता, उस ओर तो हमारा मन जाता है, पर कैसे पछतावे की बात है, जिस काम के करने से हमारी लड़की जनम भर बिपत की नदी में डूबती उतराती रहती है, उस काम के न करने की ओर हमारा मन नहीं जाता। आप मेरी इन बातों को सोचें और अपनी फूल ऐसी सुकुआरी लड़की को ऊसर में न फेंकें।

राम—आज तो तुम ने बातों की झड़ लगा दी। इतनी सी बात के लिए इतना पचड़ा,

मैं तुमारी बातें समझता हूँ। पर जिस काम के करने से मुझको अपनी मूँछ नीची करनी पड़ेगी, उस काम को मैं जी रहते कभी न कर सकूँगा। दयासंकर और बातों में कैसे ही होवें, पर हाड़ में बहुत अच्छे हैं, उनके यहाँ ब्याह करने ही में मेरी पत रहेगी। देवनन्दन सोने का भी हो तो, हमारे काम का नहीं है।

हेम—भला काम करने में मूँछ नीची क्यों होगी, यह मैं नहीं समझती, पर जो आप नहीं मानते हैं, तो कोई अच्छा घर बर खोजिये। दयासंकर के यहाँ मैं अपनी लड़की का ब्याह कभी न होने दूँगी।

राम—न होने दोगी, तो गहने उतारो, घर दुआर बेचो, बारह चौदह सौ रोक दो, अच्छा घर बर मैं खोज देता हूँ। बेटी का ब्याह कर के घर घर भीख माँगते फिरना।

हेम—बड़े दुख की बात है, जिनको आप हाड़ वाले कहते हैं, उनके यहाँ अच्छा घर बर मिलने से हम लोग आप कंगाल बनते हैं, जो देवनन्दन का बाप सदासिव मिसिर भलेमानसों की भाँति बिना एक कौड़ी लिए हमसे ब्याह करना चाहते हैं, उनके यहाँ देवबाला के देने से आपकी मूँछ नीची होती है। तो क्या दयासंकर के यहाँ ब्याह कर के लड़की को जनम भर के लिए मिट्टी में मिला देना ही आप अच्छा समझते हैं।

राम—किसी को कोई मिट्टी में नहीं मिलाता, जो जिसके भाग में होता है, वही होता है, देवबाला के भाग में दुख बदा है तो उसको सुख कैसे मिलेगा?

हेम—सच है, पर किसी को जान बूझ कर जब हम आग में फेंक देंगे तो वह क्यों न जलेगा, भाग वहीं माना जाता है जहाँ बस नहीं चलता।

राम—हुआ बहुत हुआ चुप रहे, दयासंकर भिखारी नहीं है, अब भी उनके पास दस पाँच बीघा खेत है, रोटी दाल चली जाती है। घर का बोझ पड़ने पर रमानाथ भी बहुत कुछ सुधर जावेगा।

हेम—नहीं नहीं मान जाओ, हठ न करो, हाड़ लेकर क्या करना होगा। अच्छा घर बर मिलता तो आप हाड़ ही वाले के यहाँ ब्याह करते मैं न रोकती। पर जब अच्छा घर बर मिलना पैसा हाथ में न होने से कठिन है, तो मिले हुए जोग घर बर को न छोड़िये। सदाशिव मिसिर भी बाम्हन ही हैं, सब बातों में हमारे जैसे हैं। हम ऊँचे हैं, वह हम से उतर के हैं, यह सब घमण्ड की बातें हैं, पढ़े लिखे और समझ बूझ वालों को ऐसी बातें नहीं सोहतीं।

रामकान्त अब की बार चिढ़ गये, बोले। देखो आज तुमने मुझको बहुत खिजाया, पर चेत रखो, जो फिर मुझसे ऐसी बातें करोगी, मुझको बिना समझे बूझे छेड़ोगी, तो तुम को ठीक करने के लिए हमको जतन करना होगा। तुमारी बातों में आकर हम अपनी जात नहीं गँवा सकते। तुम तिरिया हो, हठ करना छोड़ और कुछ तुमको नहीं आता।

यह कह कर खिजलाये हुए रामकान्त घर से बाहर हो गये।

तीसरा ठाट

रामकान्त के चले जाने पर हेमलता कुछ घड़ी वहीं बैठी रही, पीछे वहाँ से उठी आँगन में आयी, जी बहलाने के लिए इधर-उधर टहलने लगी, पर जी न बहला, आँखों में आँसू आते धीरे-धीरे उनको वह पोंछ देती, रह रह कर जी में घबराहट होती, उसको भी वह दबाना चाहती, पर न आँख के आँसुओं ने माना, और न जी की घबराहट ही ने पीछा छोड़ा। वह सोचती "हाय! क्या से क्या हुआ जाता है; मेरी बहुत दिनों की आस, मेरा बहुत दिनों का भरोसा, सब धूल में मिला जाता है। मनाने से वह मानते नहीं, वह हठी है मैं जानती हूँ, जितना मैं उनको समझाऊँगी उरद के आटे की भाँति वह ऐंठते जावेंगे। फिर क्या करूँ, कैसे बात बने।" यह सब सोचते सोचते उसका जी बहुत घबराया, आँख के आँसुओं ने भी झड़ बाँधा। इसलिए वह आँगन से निकलकर घर की फुलवारी में आयी; कभी बेले कभी चमेली कभी दूसरे दूसरे फूल के पौधों के पास घूमने लगी। जी कुछ ही बहला था, अचानक एक गति से उसकी पीर और बढ़ गयी। गीत यह था।

गीत

मान जा भँवर कही तू मेरी।
भूल न रस लै इन फूलन को पैयाँ लागत तेरी॥
तोरि तोरि इनहीं को गजरा अपने हाथ बनैहों।
अपनावन को पहिनि गरे मैं मनवारे को दैहों॥
कितने फूलन वारे यामें नहिं तेरो बिगरै है।
पै माने इतनी ही बतिया छतिया मोर सिरैहै॥

कुछ ही बेर में उसने यह दूसरा गीत भी कलेजा पकड़े हुए सुना।

गीत

भौंर तू कही न मानी बात।
बेर बेर इनही फूलन पै आइ आइ मंडरात॥
भौंरी कही मानती मेरी तू तो है मतवारो।

कानन पारि न सुनत याहि ते नेको बैन हमारो॥
अरे ढीठ कारे मतवारे कहै क्यों न का पैहै।
आइ आइ मेरे फूलन को जो बिगारि तू जैहै॥

अब की बार वह न रह सकी, भीतर के दुख और पछतावे से बावली सी बन गयी। पर इसी बीच उसने यह तीसरा गीत फिर सुना, जिससे उसका मन एक दूसरी ही ओर गया।

गीत

भँवर अब कहा खिजावत मोही।
दौरत फिरत सु क्यों मो पाछे कहा भयो है तोही॥
जानि गयी मैं रूसि गयो तू सुनि कै बतिया मेरी।
साँची है कछु सुनन गुनन की अहै बानि नहिं तेरी॥
लखि तेरे औगुन हठ एरे चुप साधे ही रहिहौं।
जा, बजमारे अब मैं तो सों भूलि कछू नहिं कहिहौं॥

एक एक करके इन गीतों को फूल तोड़ते हुए देवबाला ने गाया था इसलिए पहले हेमलता का जी देवबाला के भोलेपन की ओर गया, रुलाई में हँसी आयी, पीछे वह सोचने लगी, जो बड़ों की भली चाल को छोड़ता है, वह कभी अच्छा नहीं करता, भलेमानसों की चाल है, वह अपने पाँच सात बरस की लड़की को भी लड़कों से मिलने जुलने नहीं देते। मिलने जुलने ही से हेलमेल होता है, हेलमेल ही से लगन लगती है। पर मैंने बड़ों की चाल छोड़ी, अपनी मनमानी बूझों के सहारे, देवबाला और देवनन्दन के आपस के हेलमेल को न रोका, इसी से आज देखती हूँ देवबाला के जी में देवनन्दन के नेह ने घर किया है। जिससे एक बहुत बड़ी बुराई होना चाहती है, क्योंकि अब देवनन्दन के साथ देवबाला के ब्याह की कोई आसा नहीं है। देवबाला को इससे कितनी पीड़ा, कितनी बिथा, कितना दुख होगा, सभी समझ सकता है। इससे मैं डर रही हूँ, ऐसा न होवे, जो देवबाला अपने जी पर खेले। भगवान तुम मुझको बचाओ, मैंने जो बुराई की है, उसके लिए मैं देखती हूँ मुझे बहुत कुछ झेलनी होगी। जिस देस में लड़की अपना ब्याह आप नहीं कर सकती, जिस देस में माँ बाप के हाथों ही निबटारा है, उस देस के लिए यह पुरानी चाल कितनी अच्छी है, जो लड़की लड़कों का सब भाँति का मेल रोका जावे, लड़कपन ही से इस देस के भलों की लड़कियाँ ओट में रहना सीखती हैं, उसका कारण यही है, जिसमें उनके जी में किसी का नेह घर न करने पावे। पर मैं ने अपने हाथों सब बात बिगड़ी है, जान बूझ कर बुरा किया है, इससे भलाई के मग में काँटे पड़ें तो कौन अचरज है।

हेमलता इसी उधेड़बुन में थी, इसी बीच देवबाला के कानों में किसी के पाँव की चाप पड़ी, उसने फिर कर देखा, हेमलता कुछ मन ही मन सोचती उसी की ओर आ रही है।

इससे वह कुछ लजाई, कुछ डरी, आँचल के फूल को जहाँ खड़ी थी, वहीं डाल दिया, पर जो दो चार फूल उसके हाथों में थे, उसको न फेंका, सोचा फेंकने से माँ को खुटक होगी, इससे इनका हाथों ही में रहना अच्छा हैं। अब हेमलता पास आ गयी थी, देवबाला भी अपनी ठौर से बहुत कुछ आगे बढ़ आयी थी। लाज और डर से देवबाला सिर ऊँचा न करती थी, वह जी में सोच रही थी, जो माँ ने मेरे गीतों को सुना होगा, तो अपने जी में क्या कहती होंगी। इतने में हेमलता ने कहा, देवबाला तू ने ये फूल क्यों तोड़े हैं?

देवबाला—माँ! क्या फूल नहीं तोड़ते?

हेमलता—क्यों नहीं तोड़ते, पर तू फूल लेकर क्या करेगी, फिर साँझ को कोई फूल तोड़ता है।

देवबाला—अच्छा! अब न तोड़ूँगी।

हेमलता—हाँ! अब मत तोड़ियो। और देवबाला तू अब सयानी हुई, इससे देवनन्दन से भी अब तू न मिला कर, क्योंकि ऐसा करने से लोग हँसेंगे, भलेमानसों की यह चाल नहीं है।

देवबाला कुछ डरी। कुछ अचरज में आयी, उससे कुछ बोला न गया। वह घबड़ाई हुई आँखों से अपनी माँ के मूँ की ओर देखने लगी।

इससे हेमलता को बड़ी बिथा हुई, पर उसने अपने जी की छिपाकर, कहा, क्यों देवबाला बोलती क्यों नहीं, इतनी घबराई क्यों?

देवबाला—माँ, घबराई तो नहीं, पर क्या बड़ों की सब बातों ही को सुनकर कुछ कहना पड़ता है।

हेमलता ने देखा इन बातों के कहते कहते उसका मुँह गम्भीर हो गया, आँखें थिर हो गयीं, और घबराहट की वह पहली बातें जाती रहीं। वह अचानक उसका यह ढँग देखकर डरी, फिर कुछ न बोली, चुपचाप पहले की भाँति उधेड़बुन में लगी हुई घर की ओर चली, देवबाला भी उसी के पीछे पीछे घर आयी। आज वह देवनन्दन से न मिल सकी।

इसके कुछ दिनों पीछे रमानाथ के साथ देवबाला का ब्याह ठीक हो गया, चढ़ावा भी चढ़ गया। धीरे धीरे गाँव के सब लोगों के साथ इस बात को देवबाला और देवनन्दन ने भी जाना।

चौथा ठाट

आज देवबाला छिपकर फुलवारी में आयी है, डबडबायी आँखों घबड़ायी हुई इस पेड़ तले उस पेड़ तले घूम रही है। कभी रोती है, कभी आँचल से आँसुओं को पोंछ डालती है। न जाने मन ही मन क्या सोचती है, कैसी कैसी बातें उसके जी में समा रही हैं, जिससे उसका मन थिर नहीं होता है। इतने में उसकी आँखें फूल की उन पंखड़ियों की ओर गयीं, जो अपने पौधों के पास कुम्हलाई हुई धरती पर पड़ी थीं, उनको देखकर उसके जी में बहुत सी बातें समाईं। उसने सोचा, "इस धरती पर सुख ही नहीं दुख भी है, अभी दो दिन की बातें हैं, यह पंखड़ियाँ कैसी हँस रही थीं, इनमें कैसी सुघराई थी, कैसा अनोखापन था, कैसी जी लुभानेवाली छटा थी। पर आज न वह हँसी है, न सुघराई है, न वह अनोखापन है, न वह छटा। आज वह कुम्हला गयी हैं, सुख गयी हैं, मुरझाई हुई धरती पर पड़ी है। जग का यही ढंग है, सब दिन एक सा नहीं बीतता, फिर जिस पर जो पड़ता है, उसको वह भुगतना होता है, होनहार अपने हाथ नहीं, मानुख सोचता और है, होता और है, घबराने से क्या होगा, जो भाग में लिखा है मिटने का नहीं, फिर धीरज क्यों न करें, बावली हो होकर कहाँ तक मरें।" इसी भाँत उसने और भी बहुत सी बातें सोचीं, पर उसके मन को ढाढस न होता था, कुछ बेर तक धीरज करके वह थिर, बिना घबराहट, और बहली हुई जान पड़ती। पर कुछ ही बेर में वह फिर घबराई, उदास और बावली बन जाती। जिस घड़ी उसका मन इस भाँत डाँवाडोल था, उसने फुलवारी की एक ओर से देवनन्दन को अपनी ओर आते देखा।

देवनन्दन धीरे धीरे उसके पास आया, धीरे धीरे अपनी आँखें उठा कर उसकी ओर देखा, पीछे दोनों एक पेड़ के नीचे बैठ गये। कुछ घड़ी दोनों चुप रहे, मन ही मन न जाने क्या-क्या सोचते रहे। फुलवारी में सब ओर सन्नाटा था, बयार ही धीरे-धीरे चलकर पत्तों को खड़खड़ाती थी, कभी-कभी कोई चिड़िया कहीं बोल उठती थी, नहीं तो और किसी भाँति फुलवारी का सन्नाटा न टूटता था। इससे बढ़ कर सन्नाटा इन दोनों पर छाया था, हाथ पाँव तक न हिलता था, आँख की पलक भी न पड़ती थी। पर कुछ ही देर में देवबाला चौंक पड़ीं, इस भाँत चुपचाप बैठे रहना उसको भला न जान पड़ा, अब झुटपुटा भी होने

लगा था, इसलिए उसने जी कड़ा करके कहा, देवनन्दन तुम जानते हो, तुमको आज हमने यहाँ क्यों बुलाया है?

देवनन्दन—क्यों बुलाया है देवबाला?

देवबाला—यह कहने को, तुम हमको भूल जाओ!

देवनन्दन—क्यों?

देवबाला—क्या यह भी कहना होगा, क्या सब बातें तुमने नहीं सुनी हैं?

देवनन्दन—हाँ! हमने सब बातें सुनी हैं, पर क्या इसीलिए तुमको भूलना होगा, चाह के भी तो कितने ढंग हैं, माँ-बाप की चाह क्या बेटे के साथ निराली नहीं होती, बहिन भाई का आपस का नेह क्या नेह में नहीं गिना जाता? तुम मुझसे छोटी हो, क्या मैं छोटी बहिन की भाँत तुम को प्यार नहीं कर सकता? क्या धरती में यह नाता भी अनोखा नहीं है! क्या मानुख के लिए निरास होने से किसी आस का होना अच्छा नहीं है?

देवबाला ने देखा, यह कहते कहते देवनन्दन की आँखें थिर हो गयीं, मुँह पर धीरज दिखलाई देने लगा, और घबराहट का नाम तक उसमें न था।

देवबाला ने एक ठंढी साँस भरी, कहा, देवनन्दन! तुम्हारी बातों को सुनकर मुझे बहुत ढाढस हुआ। मेरे कलेजा का बोझ बहुत हलका हो गया, आपका धीरज, आपकी भलमनसाहत, सराहने जोग है, मुझको तुमसे इन बातों के सुनने की आस न थी, मैं तुमको समझाया चाहती थी, पर तुमारी बातों ने मुझको आप समझा दिया।

देवनन्दन—क्यों देवबाला! क्यों तुमें मुझसे इन बातों के सुनने की आस न थी, क्या मैं बाम्हन का बेटा नहीं हूँ? क्या मैं हिन्दू के घर में नहीं जनमा हूँ? क्या मैं धरम की मरजादा नहीं जानता, क्या धरम मुझको प्यारा नहीं है? क्या हिन्दू की बेटी माँ बाप जो कहें वह न करके दूसरा कर सकती है? क्या हम लोग बड़ों की चाल छोड़ सकते हैं? क्या माँ बाप जो कहें उसको सिर झुका कर मान लेना ही हम लोगों का धरम नहीं है? क्या अपने बड़ों की मरजादा हम लोग बिगाड़ सकते हैं? कभी नहीं!!! फिर क्यों न ऐसी बातें हम कहें। देवबाला जिस दिन मैंने सुना, तुमारा ब्याह रमानाथ के साथ ठीक हुआ है, उसी दिन मैंने यह सब सोच लिया था, खटका यही था, कहीं तुमारे जी को ऐसा होने से कड़ी चोट न पहुँचे, पर भगवान की दया से मेरी यह खुटक जाती रही, अब अपना दिन मैं बहुत सुख से बिताऊँगा।

देवबाला ने कहा, देवनन्दन जाओ, भगवान तुम्हारा भला करें, जो तुमने मुझको समझा है वही समझकर मुझको भूलना न! अब मैं यह न कहूँगी तुम मुझको भूल जाओं। मैं भी तुमको अपना भाई समझती रहूँगी।

देवनन्दन उठकर खड़ा हुआ, जाना चाहता था, इतने में देवबाला ने फिर कहा, तनिक ठहरो, कुछ और कहूँगी।

देवनन्दन—क्या कहोगी देवबाला! कहो!!!

देवबाला—यही कहती हूँ, अपना ब्याह करना!

देवनन्दन—यह तुमने क्यों कहा देवबाला?

देवबाला—न जाने क्यों मेरे जी में अचानक यह बात आयी, इसीलिए मुझको तुमसे यह बात भी कहनी पड़ी, मुझको पूरा भरोसा है, तुम मेरी बात मानोगे।

देवनन्दन कुछ देर चुप रहा, फिर कहने लगा, देवबाला इस बीच में तुम कुछ न बोलो, मैं क्या करूँगा, ठीक नहीं कह सकता, मानुख के बस में कुछ नहीं है, वह खेलाड़ी जो नाच चाहता है, नचाता है, हमने सोचा था कुछ और, हुआ कुछ और, अब फिर सोचें कुछ और, हो कुछ और, तो इससे न सोचना ही अच्छा है, ऐसी बातें तुम न छेड़ो, इससे मेरा जी बहुत दुखता है, भगवान के लिए ऐसी बात कहने के लिए तुम अपना मुँह फिर न खोलना।

देवबाला—मैं आपका जी दुखाया नहीं चाहती, जिस बात के सुनने से आपको दुख होगा, वह मैं कभी न कहूँगी, पर अचानक मैं ऐसा क्यों कह पड़ी, मैं यह आप नहीं समझ सकती हूँ, भगवान ही के हाथ सब कुछ है यह आप बहुत ठीक कहते हैं।

इतना कहते कहते देवबाला की आँखों में आँसू भर आया, इस बात को देवनन्दन ने भी देखा, पर उसने धीरज को हाथ से जाने न दिया था, इसलिए बात फेर कर कहा, देवबाला! अँधेरा हुआ जाता है, क्या जानें घर तुमको कोई खोजे, इसलिए अब तुम जाओ, भगवान तुम्हारा धरम बनाये रहे। इसके पीछे देवबाला ने आँख पोंछ कर देखा, पर देवनन्दन को वहाँ न पाया।

पाँचवाँ ठाट

आज देवबाला ससुराल जा रही है, जिस दिन वह छिपकर फुलवारी में देवनन्दन से मिली थी, उसके कुछ ही दिनों पीछे उसका ब्याह रमानाथ के साथ हुआ, आज तीसरा दिन है, देवबाला के बाप रामकान्त उसका गौना करना चाहते थे, पर रमानाथ के बाप दयासंकर ने न माना, वह हठ करके देवबाला को लिए जाते हैं, दो घड़ी दिन आया है, अपने गाँव से एक कोस पर देवबाला की डोली आयी है, कहार सब उसको लम्बी डगों लिए जा रहे हैं, घर से चलते बेले देवबाला बहुत रोई है, अब तक रो रही है, पर धीरे-धीरे उसका दुख घट रहा है, डोली चलाकर कहार सब ज्यों-ज्यों उसकी जनम धरती को, उसके माँ-बाप को, उसकी लड़कपन की सहेलियों को, पीछे छोड़ रहे हैं, वोंही वों उसका दुख भी पीछे पड़ रहा है, कुछ ही बेर में देवबाला का जी ठिकाने हुआ, वह कुछ सम्हली, पर इसी घड़ी उसकी आँखों पर एक जी लुभानेवाली, झलक नाचने लगी, पहले सुडौल गोरा-गोरा मुखड़ा देख पड़ा, फिर घुघुरारे बार, फिर बड़ी बड़ी आँखें फिर मीठा मुसकिराहट, फिर ऊँचा और चौड़ा माथा, फिर छरहरी डील, इसके पीछे ऐसा जान पड़ा किसी की प्यार भरी बातें कानों को सुन पड़ती हैं, कोई प्यार से कह रहा है देवबाला!

देवबाला!! फिर क्या जान पड़ा, एक सुन्दर फुलवारी है, कहीं बेला फूला है, कहीं चमेली फूली है, कहीं पीले फूलों वाला गेंदा है, कहीं प्यारी प्यारी नेवारी है, कहीं मोगरा है, कही चंपा है, कहीं अनोखे फूल वाले हरसिंगार हैं, कहीं कचनार है, मैं उसमें खड़ी हूँ, फूल चुन रही हूँ, मन ही मन कुछ गा रही हूँ, इसी बीच उसी फुलवारी में धीरे धीरे एक ओर से कोई आ रहा है, मैं उसको बड़े चाव से एकटक देख रही हूँ। एक दिन वह था जब देवबाला के सामने इस झलक का रखनेवाला घंटों आकर खड़ा रहता, और वह फूली न समाती, एक दिन वह था जव वह सचमुच प्यारी प्यारी बातों को सुनती, और रीझ रीझ जाती, एक दिन वह था जब वह सच ही सच अपनी मनमोहने वाली फुलवारी में फूल चुनती फिरती, और उसकी एक ओर से अपने प्यारे को आता देखती, और उमंग से उछल उछल पड़ती। पर आज देवनन्दन की यह परछाँही की सी झलक, उसकी यह अनसुनी प्यार भरी बातें, यह धोखे की टट्टी की सी फुलवारी; उसमें किसी का आना, देवबाला के

जी को कुछ घड़ी के लिए बहुत ही दुखिया बनाने लगे। वह धीरे-धीरे अपनी प्यारी माँ अपने लाड़ प्यार करने वाले बाप सरग से भी भली जनम धरती से बिछुरने के दुख को कुछ भूल रही थी, अचानक इस बड़े दुख ने आकर उसके मन को घेर लिया, वह बहुत ही घबराई, बावली बन गयी। पर कुछ ही बेर में वह सम्हली, सोचने लगी, यह क्या!!! मैं दूसरे की तिरिया होकर दूसरे किसी की सूरत कैसे कर रही हूँ! क्या यह पाप नहीं है! बाम्हन की लड़की होकर हेमलता की कोख में जनम लेकर, हिन्दूनारी की मरजादा को जान कर, हिन्दुस्तान के पौन पानी से पल कर, बड़े घर की बहू-बेटी कहलाकर, जो दूसरे पुरुख की परछाँही भी मेरे कलेजे में धँसती है, झलक भी आँखों में समाती है तो क्या यह डूब मरने की बात नहीं है! आग में जल जाने की बात नहीं है!! पहाड़ से गिराकर काया के चूर चूर कर डालने की बात नहीं है !!! छीः ! छी!! छी!!! इससे बढ़ कर भी कोई पाप है? फिर उस ने सोचा, यह सब पचड़ा कैसा! बाप भाई की सुरत करना उनकी झलक का आँखों के साम्हने आ जाना, कैसे पाप होगा! देवनन्दन को भी तो मैंने बड़ा भाई माना है, फिर जो उसकी सुरत हो गयी तो इतना कुढ़ने की कौन बात है! धरम की दोहाई देने, पाप पाप करने का कौन काम है। जिस घड़ी देवबाला इन सब बातों में उलझी हुई थी, उसने जाना कहार सब उसकी डोली को किसी ठौर रखना चाहते हैं, थोड़ी ही देर में कहारों ने उसकी डोली एक ठौर उतारी। उसने थोड़े ओहार हटाकर देखा, एक बहुत बड़े पोखरे की दूसरी ओर उसकी डोली उतारी गयी है, दोपहर हो गया है, और उसके साथ के सब लोग नहाने-धोने और खाने-पीने में लग रहे हैं।

देवबाला पोखरे की छटा देखने में लगी। उसने देखा उसमें बहुत ही सुथरा नीले काँच ऐसा जल भरा है, धीमी बयार लगने से छोटी छोटी लहरें उठती हैं, फूले हुए कौंल अपने हरे हरे पत्तों में धीरे धीरे हिलते हैं। नीले आकास और आसपास के हरे फूले, फले, पेड़ों की परछाँही पड़ने से वह और सुहावना और अनूठा हो रहा है। सूरज की किरनें उस पर पड़ती हैं, चमकती हैं, उसके जल के नीले रंग को उजला बनाती हैं, और टुकड़े टुकड़े हो जाती हैं। आकास का चमकता हुआ सूरज, उसमें उतरा है, हिलता है, डोलता है, थर-थर काँपता है, और फिर पूरी चमक दमक के साथ चमकने लगता हैं मछलियाँ, ऊपर आती हैं, डूब जाती हैं, नीचे चली जाती हैं, फिर उतराती हैं, खेलती हैं, उछलती हैं, कूदती हैं। चिड़ियाँ ताक लगाये घूमती हैं, पंख बटोरकर अचानक आ पड़ती हैं, डूब जाती हैं, दो-एक को पकड़ती हैं, और फिर उड़ जाती हैं, कोई तैरता है, कोई नहाता है, कोई कपड़े फींचता है, कोई अंजुलियों में भर-भर कर उसके पानी से अपनी प्यास बुझाता है। गाय बछड़े पानी पीते हैं, बटोही सब घाट पर बैठे खा-पी रहे हैं। इन्हीं खाने-पीने वालों में से एक न कहा, "डोली उठाओ" देवबाला ने सुना चौंक पड़ी, सम्हल कर बैठ गयी।

इसी बीच कहारों ने डोली उठाई, और फिर उसको चलाने लगे। देवबाला की ससुराल

उसके नैहर से आठ कोस पर थी। दो घड़ी दिन रहे उसकी डोली वहाँ पहुँची, पर अभी बहुत लोग पीछे थे, दयासंकर भी पीछे थे, दयासंकर भी पीछे ही थे। इसलिए डोली गाँव के पास एक अमराई में उतारी गयी। पहले गाँव में से एक लड़की आयी, फिर एक टहलुनी आयी। उसके पीछे एक और आयी, इसी भाँत कितनी आयीं; चहल-पहल मच गयी। वहाँ देववाला की सास अपने घर के दुआरे पर गाँव की बहुत सी सुहागनों के साथ जमी गीतें गा रही थीं। छोटे-बड़े सबके जी में उमंग भरा था। इसी बीच फिर डोली उठी दुआरे पर आयी, देवबाला की सास दूसरी सुहागनों के साथ उसको डोली से उतार कर भीतर ले गयीं कहारों ने मुँह माँगी उतराई पायी।

पतोहू को घर में लिवा लाकर कुल की रीतियों के करने पीछे सास ने उसका मुँह गाँव घर की कितनी जनी को दिखाया। देवबाला को जो देखती वही मोह जाती। मैंने उनमें से दो एक को कहते सुना था, "रमानाथ की उस जनम की अच्छी कमाई रही है, जो उसको ऐसी सुघर घरनी मिली है।" दो-एक को मैंने चुपचाप बातें करते भी सुना था, उनमें से एक ने कहा था, "जीजी! दुलहिन के मुँह जोग बर नहीं है।" दूसरी ने कहा था, "रमानाथ तो उसके पाँवों का धोअन भी नहीं है।"

छठा ठाट

आधी रात का समा बड़ी अँधियाली रात, सब ओर सन्नाटा, इस पर बादलों की घेरघार, पसारने पर हाथ भी न सूझता। किसी पेड़ का एक पत्ता तक न हिलता। काले काले बादल चुपचाप पूरब से पच्छिम को जा रहे थे। बयार दबे पाँवों उन्हीं का पीछा किये बहुत ही धीरे-धीरे चलती थी और कहीं कोई आता जाता न था, पखेरू पंख तक हिलाते न थे। सब साँस खींचे, चुप साधे, डरावनी रात से सन्नाटे को और डरावना बना रहे थे पर तनक थिर होकर सुनने से सुनसान और सन्नाटे में भी किसी की दुख भरी रुलाई सुनाई पड़ती है। और इसी रुलाई को सुनकर ऐसे कठिन बेले में एक मानुख कान उठाये लम्बी डगों उसी ओर जा रहा है।

धीरे-धीरे काले बादल और काले हुए। अँधियाली और गहरी हुई, बिजली कौंधने लगी, धीगी-धीमी गरज होने लगी, सन्-सन् बयार चलने लगी। पहले नन्ही-नन्ही बूँदें पड़ीं, पीछे बड़ी-बड़ी बूँदों से झिपू-झिपू पानी बरसने लगा।

बापुरे बटोही पर बड़ी कड़ी बीती, अब वह किधर जावे, जिस रुलाई के सहारे वह आगे बढ़ रहा था, वह अब बहुत जी लगाने पर भी सुन नहीं पड़ती थी, बयार की सनसनाहट, बादलों की गड़गड़ाहट, पानी पड़ने की धूम में, उसका सुनना उसके बस की बात न थी। पानी पड़ते-पड़ते जाने वाले के सब कपड़े भीग गये, देह ठंढी पड़ गयी, बयार की झोंकों से कँपकँपी ने भी उसमें घर किया, ओलती की भाँत माथे से पानी गिर रहा था, आँख फाड़-फाड़ कर देखने पर भी कहीं कुछ सूझता न था। पर इन बातों की ओर उसका मन भूल कर भी नहीं जाता है, उसको सुरत लग रही है, तो इसी की, कैसे उस रुलाई को सुनूँ, कैसे उस ठौर तक पहुँचूँ। पर यह बात उसके हाथ से जाती रही, वह जितना जतन करने लगा, उतना ही पीछे पड़ने लगा। तो भी घबराया नहीं, उसी कठिन अँधियाली में, उसी कठोर बरखा में, आगे बढ़ता गया किधर जाता है, कहाँ जाता है, वह यह समझ तक नहीं सकता है, पर उसका जी उससे यही कह रहा है अब ले लिया है, थोड़े कड़े और हो, जहाँ जाना चाहते हो, वहीं पहुँचे जाते हो।

महीना असाढ़ का था, थोड़ी बेर के लिए ही यह सब धूमधाम थी। देखते ही देखते

आकास का काया पलट हो गया, पानी रुक गया, बयार धीमी हुई, बादल एक एक करके जाते रहे, तारे निकले, पूरब और चाँद भी निकलता दिखलाई पड़ा, कुछ ही बेर में चाँदनी भी निकली। अब उस जाने वाले के जी में जी आया, कुछ धीरज भी हुआ। गीले कपड़े उसने देह से उतारे, उनको भलीभाँत गारा, देह को पोंछा, पीछे उन्हीं कपड़ों को पहन लिया। कान लगा कर सुना तो वह दुख भरी रुलाई भी सुन पड़ी, पर अब यह बहुत पास सुन पड़ती थी। वह फिर आगे बढ़ने लगा, पर ज्यों ज्यों आगे बढ़ता था, कलेजा उसका टुकड़े-टुकड़े हुआ जाता था, रुलाई सही नहीं जाती थी। घबरा गया, पर तौ भी एक परग पीछे न हटा, थोड़ी बेर में वहाँ जा पहुँचा।

देखा धरती पर पड़ी हुई एक सोरह बरस की तिरिया फूट फूट कर रो रही है। सब कपड़े उसके भीग गये हैं, कीचड़ से देह भर गयी है, पर वह उसी भाँति कीचड़ में लोट रही है, उसी भाँत बिलख बिलख कर रो रही है, आँखें मुँदी हैं, मूँ पर बाल बिखर रहे हैं, उनसे मोती की भाँत पानी की बूँदें टपक रही हैं। जाने वाला, कुछ घड़ी चुपचाप खड़ा रहा, उसकी दसा देखकर आँसू टपकाता रहा। पीछे उससे न रहा गया, बोला, "तुम कौन हो? क्यों इतना बिलख-बिलख कर कीच में पड़ी रो रही हो? क्या तुम्हारा दुख मैं सुन सकता हूँ, सुनने पर इस दुख के हाथ से तुमको छुड़ाने के लिए जतन करूँगा।"

तिरिया कुछ न बोली, उसी भाँत बिलख-बिलख कर आँसू बहाती रही, उसी भाँत अपनी पुकार से पत्थर के कलेजे को पिघलाती रही। और उसी भाँत तड़प-तड़प कर कीचड़ पानी में लोटती रही।

जानेवाले ने कड़ी बोल से कुछ और पास जा कर कहा, "माँ! तुमारा दुख देखा नहीं जाता, कलेजा टूट रहा है, आँखों से चिनगारियाँ निकल रही हैं, धीरज हाथ से जाता रहा, मुझ बापुरे पर दया करो, आँखें खोलो, कहो कौन सा ऐसा दुख तुम पर पड़ा है जो तुम इतना बिलख रही हो, जग में देह से बढ़कर कुछ प्यारा नहीं है, पर तुम्हारा दुख छुड़ाने में मेरी देह भी जाती रहेगी, तो मैं सह लूँगा।"

अब की बार इसकी बोल उसके कानों पड़ी, उसने अपनी आँखों को खोला, बोली, "हमारा दुख ऐसा नहीं जो उसको कोई छुड़ा सके, राम जिसको दुख देते हैं, उसके लिए मानुख क्या कर सकता है, तुम क्यों हमारे दुख से दुखिया बनते हो, जहाँ जाते हो जाओ, हमारे भाग में यही लिखा है, जब तक जीयेंगे, इसी भाँत कलेजा कूटती रहेंगी।"

उसने कहा, "कोई दुख ऐसा नहीं है जो छूट न सके, राम किसी को दुख नहीं देते, उन्होंने कठिन से कठिन दुख के लिए भी जतन बनाया है, जतन करने से सब कुछ हो सकता है।"

वह बोली, "न सताओ, हमें जी भर कर रोने दो, हमारा दुख इसी से हलका होता है, दूसरा कोई उपाय हमारे लिए नहीं है, हमारे कलेजे का घाव पूरा नहीं हो सकता।"

उसकी इन सब बातों से जाने वाले की आँखों में पानी आता था, उसने आँसू पोंछ कर कहा, "मैंने तुमको माँ कहा है, फिर कहता हूँ माँ! जैसे होगा तुम्हारा दुख छुड़ाऊँगा, नहीं तो इस चार दिन के जीने से हाथ उठाऊँगा, तुमारे सामने यह टेक करता हूँ, साँस रहते इस टेक को निबाहूँगा, नहीं तो फूस की आग में जल मरूँगा।"

वह तिरिया इसकी बातें सुनकर भौचक बन गयी, बोली, "तुम कौन हो भाई! बिना समझे बूझे क्यों इतना हठ करते हो? अपना जी सब को प्यारा होता है, दूसरे के लिए अपने जी पर जोखों क्यों उठाओगे?"

वह बोला—"हम कोई होवें, पर बिपत में पड़े को उबारना ही हमारा धरम है, इस माटी के पुतले के लिए इससे अच्छा कोई दूसरा काम नहीं हो सकता।"

यह सुनकर वह और अचरज में आयी बोली, "जो ऐसा ही है, तो आओ, हमारे पीछे आओ, पर जी कड़ा रखना, देखो मुझ दुखिया को और दुखिया न बनाना।"

यह कह कर वह उठी, और फटे, मैले, कपड़ों में अपने देह को छिपा कर एक ओर चली, जाने वाला भी उसी के पीछे उसी ओर चला गया।

सातवाँ ठाट

एक बहुत ही बड़ा टूटा फूटा, गिरा पड़ा घर है, उसके पास दो जन घूम रहे हैं, एक वही बटोही और दूसरी वही दुख से बावली बनी तिरिया, उनके देखने से जान पड़ता है, वह दोनों जैसे कुछ खोज रहे हैं, थोड़ी देर में उस दुखी तिरिया ने कहा मेरा जी ठिकाने नहीं, झूठे ही मैं इधर उधर सिर मार रही हूँ, देखो दुआरा यही है, इसको खोलो, बटोही ने उसको खोला, दोनों भीतर गये। भीतर जाकर बटोही ने देखा एक अधगिरे घर में एक छोटी सी खाट बिछी हुई है, उस पर चार बरस का एक फूल सा लड़का लेटाया हुआ है, लड़का पहले बहुत सुन्दर रहा होगा, पर अब सूख कर काँटा हो गया है, अपने आप उठ तक नहीं सकता है, उस घड़ी उसकी साँसें चल रही थीं, और वह अधमरा हो रहा था। उसको देखकर वह तिरिया फिर फूट-फूट कर रोने लगी। बटोही ने कहा ठहरो, रोओ मत, मैं अभी इसको देख कर सब कुछ बतला देता हूँ, जहाँ तक मैं समझता हूँ यह बच जावेगा। इसके पीछे उसने अपनी झोली में से कोई औखद निकाली, लड़के के सिर, और छाती पर मला, फिर उसके हाथ-पाँव को टटोल कर कहा, यह लड़का अभी अच्छा हुआ जाता है, तुम घबराओ मत, इसको और कोई रोग नहीं जान पड़ता, मैं सोच रहा हूँ भूख से इसकी ऐसी दसा हो रही है। यह कह कर उसने फिर कोई औखध निकाल कर लड़के को पिलाया, जिससे साँसों का चलना रुक गया। और लड़का करवट फेर कर सो रहा।

लड़के को कुछ अच्छा देखकर उस तिरिया को धीरज हुआ, वह अब कुछ सम्हली, उसका जी भी कुछ ठिकाने हुआ, इसलिए वह बटोही की ओर अचरज के साथ देखने लगी, बोली, आप कोई देवता हैं, नहीं तो मुझ ऐसी अभागिनी को इस धरती पर सहारा देने वाला कौन है, चार बरस हुआ पती परदेस चला गया, आज तक न जान पड़ा, वह कहाँ हैं, क्या करते हैं, कैसे उनका दिन बीतता है, राम उनको सुख ही में रक्खें, पर यह भी नहीं जाना जाता, वह सुख में हैं, न जानें दुख में। खाने पीने का ठिकाना तो बरसों से नहीं है। पर रहने का ठिकाना यही एक घर है, वह भी दिन दिन गिर रहा है, समझती हूँ इस बरस की बरसात में यह न बचेगा। सब ओर से निरास तो थी ही, यही एक लड़का मुझ अभागिनी का सहारा है, आज उसकी भी बुरी दसा देखकर मैं आपे में न रही थी, जो बावला

हो गया था, आधीरात को, इसको अकेले घर में छोड़ कर बैद के यहाँ भागी जाती थी, बीच ही में मेह आया, तब भी बढ़ती गयी, पर, अचानक फिसल कर ऐसी गिरी, जिससे कुछ घड़ी जहाँ की तहाँ पड़ी रह गयी। डोल हिल भी न सकी। पर जान पड़ता है भगवान को मुझ पर कुछ दया हुई, जो उन्होंने उस घड़ी आप को मेरी भलाई करने के लिए वहाँ भेजा। आप कोई देवता है, मेरा मन कहता है आप कोई देवता हैं, आपने मेरे लड़के का जी बचाया, जो लड़का मुझ निधनी का धन, मुझ कंगाल की पूँजी, मुझ दुखिया का सहारा है, उसका जी बचाया, यह काम देवता छोड़ मानुख का नहीं हो सकता, मैं समझती हूँ बिपत पड़ने पर किसी को सहारा देना मानुख का काम नहीं है।

इस दुखिया की इन बातों से बटोही का कलेजा मुँह को आ रहा था, आँख से टप टप आँसू गिर रहे थे, मन ही मन वह मुरझा रहा था, बोला, बिपत पड़ने पर किसी को सहारा देना ही मानुख का काम है, जो दुखियों के दुख को नहीं जानता, पराई पीर से जिसका कलेजा नहीं कसकता, दुख में पड़े को जो नहीं उबारता, भूखों कंगालों पर जो नहीं पसीजता, वह मानुख नहीं पिसाच है। मैं देवता नहीं, एक छोटा मानुख हूँ, जिन औखधियों का गुन धरती पर सब जानता है, उसी के सहारे से इस घड़ी तुम्हारे लड़के का मैं कुछ भला कर सका हूँ, मेरी इसमें कोई करतूत नहीं है। इतना कह कर वह थोड़ी बेर चुप रहा, फिर बोला, तुमको जो दुख न हो, मुझसे कहने में कोई अटक न हो, तो मैं तुमसे कुछ पूछना चाहता हूँ।

अब तिरिया का जी बहुत ठिकाने हो गया था, पर न जानें क्यों वह अनमनी हो रही थी। एक एक कर के कई बार उसने बटोही को देखा, उसकी बातों को सुना, उस की बोली को परखा, और यही सब बातें ऐसी हुई हैं, जिससे वह अनमनी हो गयी है। पर अनमनी होने पर भी उसने बटोही की सब बातें सुनीं, और कहा, आप कुछ कहें पर मैं आपको देवता ही जानती हूँ, आप जो चाहें पूछें, मैं सब कहूँगी, मुझको कोई दुख न होगा। बिपत में पड़े हुए को उबारना ही जो अपना धरम समझता है, उससे अपनी बिथा कहने में किसको अटक होगी। बटोही ने कहा, मैंने आज तक तुमारे ऐसी दुखिया नारी आँखों नहीं देखी, तुम इतना क्यों दुखी हो, क्यों तुमारा घर इतना गिरा पड़ा है, क्यों तुमारे पास पहनने को कपड़ा नहीं है, खाने को नाज नहीं है, पानी पीने के लिए पास लोटा तक नहीं है? पति जब से परदेस गया क्या तब से कोई चीठी भी तुमारे पास नहीं आयी?

वह बोली क्या कहूँ, इन सब बातों की सुरत होने से मेरा जी फिर बावला बन गया, फिर मैं पहले की भाँति दुखिया बन गयी, कलेजा फटता है, मुँह से बात भी नहीं निकलती, पर कहूँगी, आप से कह कर ही मैं अपने कलेजे के बोझ को हलका करूँगी। यह कहकर उसने एक ऊँची साँस भरी।

बटोही ने कहा, मैं समझता हूँ, तुमको अपनी पिछली बातों के कहने में बड़ा दुख

होता है। ऐसी दसा में मैं भी उसको सुनना न चाहता, पर इसीलिए सुनना चाहता हूँ, क्या जाने मैं कोई ऐसा जतन कर सकूँ जिससे तुमारा दुख कुछ घटे। उसने फिर एक लम्बी साँस ली और कहा। मेरा ब्याह हुए पाँच बरस हुआ, मैं ऐसी अभागिनी हूँ, जो ब्याह के छही महीने पीछे मेरे ससुर मर गये, घर का सब काम काज वही करते थे, उन्हीं की कमाई का हम लोगों को सहारा था, उनके मरते ही हम लोगों के दुख का पार न रहा। पति, नारी का देवता है, वह कैसा ही क्यों न हो, पर तिरिया उसको अजोग और बुरा नहीं कह सकती, मैं भी अपने पती को बुरा नहीं कहती, और न वह बुरे हैं, पर हम लोगों के भाग की खुटाई से ऐसा संजोग हुआ। जिससे मेरे ससुर के मरने के पाँच ही छः महीने पीछे जो दस पाँच बीघा खेत था, वह बंधक पड़ गया, घर में जो दस-पाँच मन नाज था, वह सब उठ गया और दस-पाँच थान गहने जो मेरे देह पर थे वह सब भी बिक गये। दिन बड़ी कठिनाई के साथ बीतने लगे। भूख बुरी होती है, जब कोई ब्योंत न रहा, तो घर की कड़ी और किवाड़ी तक बेंच दी गयी, पर ऐसे कितने दिन चल सकता है। अब उनको यह धुन समाई, मैं पूरब कमाने जाऊँगा, यह सुनकर मैं बहुत रोई, उनसे कहा, सब कुछ तो हो गया, अब आप भी आँखों के ओझल होंगे तो मैं कैसे जीऊँगी। बहुत कहने सुनने पर उन्होंने किसी भाँत मेरी बात मानी, पर बिपत के दिन टालने से नहीं टलते, इन्हीं दिनों इस लड़के का जनम हुआ, एक दिन मेरी सास ने न जाने क्या उनसे लाने को कहा, पर वह कहाँ से लाते पास तो कुछ था ही नहीं, इस पर वह कुछ झँझलाईं, यह बात उनको बहुत बुरी लगी, मैं उनसे मिल नहीं सकती थी, जो कुछ समझाती बुझाती। इसलिए दूसरे दिन मैंने सुना वह कमाने पूरब चले गये, मेरा भाग फूटा, मैं रोते रोते बावली बन गयी, अब तक रोती हूँ, पर कोई आँसू का पोंछनेवाला नहीं है, यह कह कर वह चिल्ला उठी और ढाढ़ मार कर रोने लगी।

बटोही के आँख से भी आँसू बह रहा था, हिचकी लग रही थी, पर उसने अपने को सम्हाला, और उस तिरिया को बहुत समझाया, समझाने से उसको भी बोध हुआ, वह फिर कहने लगी, आप समझते होंगे, मुझको इन बातों के कहने से दुख होता है, और इसी से मैं रो उठती हूँ, पर नहीं, रोने ही से मेरा भला होता है, जो मैं रोती न, बावली हो जाती। पती का दुख भूली न थी, सास ने भी साथ छोड़ा, उनका कलेजा पति के मरने से चूर चूर तो था ही बेटे का बिछोह फिर वह कैसे सहतीं, उनके पूरब चले जाने के बीस ही दिन पीछे वह भी मर गयी, मैं इस धरती पर दुख भोगने के लिए अकेली रह गयी, न जानें मेरे प्रान कैसे हैं जो अब भी नहीं निकलते। जब मैं सब भाँत निरास हुई, खाने पीने का कुछ ठिकाना न रहा, सूत कात कर दिन बिताने लगी। बड़े घर की बहू बेटी ठहरी, क्या करती, किसी के घर जाकर कामकाज करने से बड़ों के नाम में बट्टा लगता। भीख माँग नहीं सकती, कौड़ी पास नहीं जो दूसरा कोई काम करती, फिर सूत कात कर दिन बिताने छोड़

मेरे पास कौन उपाय था। इस सूत के बेचने और रूई मोल लाने के लिए मैंने एक टहलुनी रक्खी थी, इस टहलुनी ने मेरे साथ जो किया, उसको मैं नहीं कह सकती, नारी हूँ, लाज की बात कैसे मुँह पर ला सकती हूँ, पर हाय! क्या इस धरती पर बचकर चलने वाले ही को ठोकर लगती है! क्या पाप करने वाले सभी बुरे कामों को कर सकते हैं, उनको दुखियाओं के ऊपर भी दया नहीं आती!!! क्या कहूँ, राम ऐसों का मुँह न दिखावें। जब मैंने देखा यह टहलुनी रहेगी तो मुझको अपना धरम निबाहने में बड़ी कठिनाई होगी तो मैंने उसको अपने यहाँ से निकाल दिया। पर ऐसा करके मैं बड़े झंझट में पड़ी, अब कौन सूत बेचे, कौन रूई लावे, कौन मेरे पैसों का नाज ला दे, कौन मेरे दूसरे कामों को करे, इसका कुछ ठिकाना न रहा,। पर राम ही बिगड़ी को बनाते हैं, मेरे पड़ोस में एक बूढ़ी बाम्हनी रहती हैं, उनसे मेरा दुख न देखा गया, तीन बरस से मुझ दुखिया की सहारा वही हैं, वही मेरा सब कामकाज कर देती हैं, उनको छोड़ मेर घर में पखेरू पंख भी नहीं मारता। सच तो यह है, मेरे साथ अपने को कौन दुखिया बनावे, मुझको रोने छोड़ और कुछ आता नहीं, जो दिन रात रोया करता है, उसके पास कौन आता है। पाँच चार महीने से मेरी देह में रोग ने भी घर किया है, अब कुछ कामकाज भी नहीं हो सकता, सूत भी नहीं कात सकती, इसी से दो-दो तीन-तीन दिन तक अन्न भी नहीं मिलता है, आपका कहना बहुत ठीक है, आप ने बहुत सोच कर कहा था, "भूख से इस लड़के की दसा ऐसी हो रही है।" अब मैं सोच रही हूँ, भूख ही से मेरा बच्चा इस दसा को पहुँच गया है, पर क्या करूँ, सब गँवा सकती हूँ। धरम और लाज तो नहीं गँवा सकती!!! इसके ननिहाल में भी तो कोई नहीं रह गया, जो वहीं चली जाऊँ, चार बरस से मेरे माँ-बाप की भी खोज नहीं मिलती, वह दोनों जन जब से जगरनाथ जी गये, फिर न फिरे, न जाने वह लोग कहाँ हैं, जीते हैं या मर गये, यह भी नहीं जान पड़ता, धरती तू क्यों नहीं फटती? जो मैं समा जाऊँ, क्या मुझ सी दुखिया को तू भी ठौर नहीं दे सकती। यह कहकर वह फिर रोने, कलपने लगी, और थोड़ी ही बेर में मुरझाकर धरती पर गिर पड़ी।

आठवाँ ठाट

बटोही ने जो कुछ आँखों देखा, कानों सुना, वह सब बातें उसको चकरा रही थीं, दुखी बना रही थीं, और सता रही थीं, पर इस घड़ी वह बहुत ही अनमना हो रहा था, वह दुखिया नारी रोई, मुरझाकर धरती पर गिरी, फिर आपही सम्हली, पर वह वैसा ही अनमना बना रहा, न जानें क्या सोचता रहा पर अब अचानक चौंक पड़ा, चौंकते ही कहा देवबाला!! इस देवबाला नाम में न जानें कोई टोना था, न जाने कोई मुरझा देने वाली सकती थी, जिससे इस नाम को सुनते ही वह तिरिया अचानक यह कहकर फिर अचेत हो गयी "हाय! मैं ऐसी आपे से बाहर हो रही हूँ, ऐसा मेरा जी ठिकाने नहीं है, जिससे बार-बार जी में आने पर भी, यह न पहचान सकी, मुझ दुखिया को सहारा देने वाला भैया देवनन्दन छोड़ और कोई नहीं है" यह सुनकर हमारा बटोही जो देवनन्दन छोड़ दूसरा नहीं है, फिर वैसा ही अनमना, फिर वैसा ही सोच में डूबा दिखलाई पड़ा, पर थोड़ी ही बेर में धीरज उसके मुखड़े पर देख पड़ा, उसने उपाय करके उस तिरिया को भी जो देवबाला है, सम्हाला, कुछ ही बेर में उसका जी भी ठिकाने हुआ, पर दोनों कुछ घड़ी चुप रहे, एक बात भी न बोले, न जानें कहाँ-कहाँ की बातें सोचते रहे, मैं समझता हूँ, वही पुरानी बातें उन दोनों के जी में घूम रही थीं, वह सुख के दिन, वह आपस का प्यार, वह फुलवारी का मिलना, वह मीठी बातें वह लड़कपन का रँग-ढँग, फिर दोनों की अड़चनें, धरम के झमेले, इसके पीछे भाई बहिन सा प्यार, वह अनूठे बरताव, एक-एक करके आँखों के सामने फिर रहे थे। और इसी से वह दोनों कितनी बेर तक कुछ भी न बोले। पर इस घड़ी देवनन्दन के जी में कुछ और ही बात ठन रही थी, इसलिए उन्होंने ढाढस कर के कहा, देवबाला! तुमारे दुख से कलेजा फटा जा रहा है, क्या करूँ जो राम चाहते हैं करते हैं, पर मैंने अपने जी में ठाना है जहाँ से होगा रमानाथ को मैं खोज निकालूँगा, यह मेरा काम है तुमारा नहीं, अब और कुछ पूछने को नहीं रहा, पर तुमको एक बात बतलानी और रही है, और वह रमानाथ का ठिकाना है, क्या कभी कोई चीठी आती है। देवबाला ने कहा, उनकी कोई चीठी जब से वह गये नहीं आयी, मैं उनका कुछ खोज ठिकाना नहीं जानती, मेरे भाग ने सभी बात बिगाड़ रखी है। इतना कहते-कहते उसकी आँखें फिर भर आईं और छल-छल करके आँसू टपक पड़े।

देवनन्दन चुप रहा, कुछ सोचने लगा, फिर बोला, अच्छा मैं खोज ठिकाना किसी भाँत जान लूँगा, तुम मत घबराओ। अभी पाँच-सात दिन मैं यहाँ रहूँगा, तब तक यह लड़का भी अच्छा हो जावेगा। और इसी गाँव में घूम फिर कर मैं रमानाथ का ठिकाना भी जान लूँगा। इसके पीछे मैं ठीक करूँगा, मुझको क्या करना चाहिए। इतना कह कर वह फिर चुप हो गया और मन ही मन कुछ सोचने लगा।

देवबाला इस घड़ी देवनन्दन को देख रही थी, उसने देखा उसके सब देह में राख मली हुई है, सिर पर लम्बी लम्बी जटायें हैं, हाथ में तूँबा और चिमटा है। गेरुये रंग का कपड़ा वह पहने हैं, सब भेस उसका साधुओं का है। देवबाला ने देख भाल कर पूछा, देवनन्दन! क्या तुम साधु हो गये हो, पर वह कुछ न बोला, न जाने क्या सोचता रहा, फिर कहा, यह सब फिर कभी बतलाऊँगा।

अब भोर होने लगा था, इसलिए दोनों जन अपनी-अपनी ठौरों से उठे और नहाने धोने में लग गये।

इसके पीछे देवनन्दन सात दिन यहाँ रहा, सात दिनों में उसने इस घर की दो कोठरियों और एक ओसारे को बनाकर ठीक किया, बरस दिन के खाने भर को नाज लिया, पाँच सात साड़ियाँ मोल लीं, और यह सब देवमाला को दिया, इस बीच लड़का भी भली भाँत अच्छा हो गया था। इसलिए आठवें दिन कुछ रोक भी देकर देवनन्दन ने देवबाला से कहा। मैं अब जाता हूँ, जहाँ तक हो सकेगा, मैं तुरन्त लौटूँगा, मैंने इस गाँव में रमानाथ का कुछ ठिकाना पाया है, लोग कहते हैं इस गाँव से चार कोस पर रामपुर नाम का एक गाँव है, उसमें भवानीदत्त नाम का कोई कायथ रहता है, पूरब में जहाँ रमानाथ रहते हैं, वही यह कायथ भी आता जाता है, आजकल वह घर आया हुआ है, उससे पूछने पर रमानाथ की बहुत सी बातें जान पड़ेंगी, आज मैं वहीं रहूँगा, उनसे सब पूछ-पाछ कर कल उसी ओर जाऊँगा, रमानाथ से भेट होना चाहिए, लिवा लान मेरे हाथ है, मैं उनको तीन महीने के भीतर ही लेकर यहाँ पहुँचूँगा, तुम घबराना मत।

देवबाला बोली, मैं क्या कहूँ, जो तुम करते हो, उसमें मैं हाथ डाल नहीं सकती, जो हाथ डालूँ भी तो तुम काहे को मानोगे, मैं भी समझती हूँ भाई से बढ़कर इस धरती में अपना कोई दूसरा नहीं है, आप जावें, मैं आपको रोक नहीं सकती, पर मैं बड़ी अभागिनी हूँ, इसी से मेरा कलेजा धक्क-धक्क कर रहा है। यह कह कर देवबाला बहुत ही उदास और अनमनी हो गयी। पर देवनन्दन ने उसको बहुत समझाया, ढाढस बँधाया, और इसके पीछे रामपुर की ओर पयान किया।

देवबाला के लिए फिर वही दिन रात आगे आये, पर उसके जी में यह बात बहुत उठा करती, क्या देवनन्दन साधु हो गये? उसका भेस साधुओं का क्यों है? अपना ब्याह उन्होंने नहीं किया क्या? जब मैंने उनसे इन बातों को पूछा तो उन्होंने क्यों नहीं बतलाया? पर कोई ऐसी बात उसके जी में नहीं समाती थी जिससे उसका बोध होवे।

नवाँ ठाट

वह देखो सामने रामपुर गाँव दिखलाई पड़ता है, चारों ओर हरे भरे बाँस के पेड़ लहरा रहे हैं, उनके पास ही दो एक पेड़ आम, जामुन, महुआ और कटहल के दिखलाई देते हैं, पास ही एक बहुत बड़ा ताल है, ताल के ऊपर गाँव से थोड़ा हटकर एक बड़ा भारी बड़ का पेड़ है, धीमी बयार लगने से उसके पत्ते धीरे-धीरे हिल रहे हैं, उस पर एक झंडी भी फहरा रही है, जान पड़ता है वहाँ काली का थान है। उसी पेड़ के नीचे बैठे दो जने बातें कर रहे हैं। उसमें एक हमारे जान-पहचान वाले देवनन्दन हैं, और दूसरा वही भवानीदत्त है, उनमें बहुत बेर तक बातें होती रहीं। जिससे देवनन्दन ने रमानाथ की बहुत सी बातें जानीं, पिछली बातें उन लोगों की यहाँ थीं।

देवनन्दन ने पूछा, जब रंगपुर में तुम दोनों जने साथ रहते थे, तो रमानाथ ने फिर रंगपुर का रहना क्यों छोड़ा?

भवानीदत्त—उन्होंने रंगपुर को अपने आप नहीं छोड़ा, मैं कह चुका हूँ रमानाथ की चाल चलन ठीक नहीं है, वह बड़ा छटा और लुच्चा है, जिस बाबू के यहाँ वह कामकाज करता था, उन्हीं बाबू की टहलुनी के साथ एक दिन वह पकड़ा गया, बाम्हन जान कर बाबू ने और कुछ तो न किया, पर टहलुनी और रमानाथ दोनों को अपने यहाँ से निकाल दिया, तभी से वह कलकत्ते रहता है; टहलुनी भी उसके साथ है, यह दो बरस की बात है, पर मैं यह ठीक कह सकता हूँ, अब भी वह कलकत्ते ही में है।

देवनन्दन—जब यह दो बरस की बात है, तो फिर तुम कैसे कह सकते हो, अब भी वह कलकत्ते में है?

भवानीदत्त—मुझको यहाँ आये दस पन्द्रह दिन हुए, मेरे वहाँ से चलने के दस पाँच दिन पहले बाबू का एक चाकर कलकत्ते आया था, वह कहता था मुझसे और रमानाथ से वहाँ भेंट हुई थी, इसी से मैं जानता हूँ, अब तक वह कलकत्ते में है। उसने और भी कई बातें रमानाथ की मुझसे कही थीं। पर उनको मैं आप से नहीं कहना चाहता, उन में कोई बात काम की नहीं है, सब ऐसी ही हैं, जिससे रमानाथ का नाम लेने को मन नहीं करता।

देवनन्दन—जाने दो मैं भी उनको नहीं सुनना चाहता, मुझको उन बातों से कोई काम नहीं है। जो कुछ मैं जानना चाहता था जान चुका।

इतना कह कर देवनन्दन चुप हो गये। भवानीदत्त ने भी फिर कोई बात न छेड़ी। देवनन्दन ने कुछ घड़ी पीछे कलकत्ते की ओर पयान किया।

दसवाँ ठाट

भादों का महीना, बड़ी अँधियारी छाई है, बादल घिरे हैं, दो एक बूँदें भी पड़ रही हैं, रात के एक बजे हैं, कहीं कोई आता जाता नहीं, पहरेवाले लम्बी ताने सो रहे हैं, दूर एक धुँधला उजाला बिजली का हो रहा है, पर उससे चारों ओर की अँधियाली को कुछ धक्का नहीं पहुँचता है, वह दूर के तारे की भाँति अपनी ही ठौर चमक रही है। इसी बेले कलकत्ते की सड़क पर एक भलामानस बहुत ही धीरे धीरे जा रहा है, उससे भी धीरे-धीरे पाँव दबाये एक जन उसका पीछा कर रहा है, इन दोनों से भी पाँच सात हाथ दूर एक जन और इन दोनों पर आँख गड़ाये लम्बी डगों चल रहा है। ज्यों ही वह भलामानस एक मोड़ पर पहुँचा, और मुड़कर एक गली में जाने लगा, वोंही पीछे वाला जन उस पर झपटा, और उठा कर उसको दे मारा, छाती पर चढ़ बैठा, और चाहता था, छुरी से उसका गला काट डाले, वोंही उस तीसरे जन ने उसको भी आकर धर दबाया, उसके हाथ से छुरी को छीन लिया और बहुत फुर्ती के साथ उसका हाथ-पाँव बाँध कर उसको वहीं डाल दिया। भलेमानस के औसान जाते रहे थे, वह अपने को मरा ही समझ रहा था, पर अब उसके जी में भी जी आया, वह चाहता था। चिल्लाकर पहरे वालों को बुलाऊँ, पर उस तीसरे जन ने रोका, कहा आप चुप रहें, मेरी बातों को सुन लें फिर जो चाहें करें। पहरेवालों को बुलाकर आप क्या करेंगे, जब तक मैं यहाँ हूँ आपका कोई एक रोआँ भी नहीं छू सकता। उन्होंने कहा आप जो कहेंगे मैं करूँगा, आपने मेरा जी बचाया है, आपके कहने से मैं कभी मुड़ना नहीं चाहता। वह बोले, यहाँ कुछ न कहूँगा, आप किसी ठौर चलें, वहीं सब बातें होंगी, मैं इस बँधुये को भी साथ ले चलूँगा। उन्होंने कहा अच्छा आइये मेरे साथ चले आइये। कुछ बेर में यह तीनों जन एक घर में पहुँचें। वहाँ एक खुली कोठरी में बैठकर इन लोगों में बातचीत होने लगी। एक जलते हुए दीवे को छोड़ वहाँ और कोई न था।

पहले तीसरे जन ने भलेमानस से कहा, आप बताइये, आप कौन हैं, क्या आप इस बँधुये को पहचानते हैं? इसने क्यों आज आप पर छुरी चलानी चाही थी?

उन्होंने कहा, मैं मारवाड़ी हूँ, आपकी दया से इन दिनों मेरा कामकाज कुछ अच्छा है, इसी से यहाँ के निठल्लू और निकम्मे सब मुझको कभी-कभी घेरा करते हैं, मैं भी उनको

कभी कभी कुछ दे दिया करता हूँ, पर अब इनमें गुण्डे और लुच्चे भी बहुत हो गये हैं, वह डराकर बहुत कुछ लेना चाहते हैं, जो न दो तो इसी भाँत गला घोंट कर मार देने ही में अपनी बड़ाई समझते हैं। यह जो इस घड़ी यहाँ बैठा है, इसने परसों मुझ से पचास रुपया रोक माँगा था, मैंने कहा, इस घड़ी मैं तुमको कुछ नहीं दे सकता, मैं समझता हूँ इसी से आज यह मेरा जी लेना चाहता था। इसको मैं पहचानता हूँ, यह मुझसे दो-चार बार दो-दो एक-एक रुपया ले चुका है। यह पछाँह का रहनेवाला बाम्हन है। आप बताइये आप कौन हैं?

तीसरे जन ने कहा, आप देख ही रहे हैं, मैं एक साधु हूँ, दूसरों के दुख को दूर करना ही हम लोगों का काम है, डेढ़ महीना हुआ, मैं कलकत्ते आया हूँ, तब रात से दिन इनको, जो आपके सामने बैठे हैं, खोज रहा हूँ, संजोग की बात है, आज अचानक इनसे भेंट हो गयी। मैं इन्हीं की खोज में एक ठौर जा रहा था, मग में देखा, आप पर घात लगाये यह चले जा रहे हैं, मुझको खटका हुआ, मैं भी पीछे-पीछे चला, जो सोचता था, वही हुआ, पर आपका जी बच गया, यह बड़ी बात हुई, मैंने यहाँ पहुँचने से पहले इनको न पहचाना था, दीवे के साम्हने आने पर मैंने इनको पहचाना, मेरा काम भी हुआ, अब मैं आप से यही चाहता हूँ आप इनका जी छोड़ दें, बिना पहचाने भी मैं इनको बचाना चाहता था, और इसीलिए आपको वहाँ से यहाँ लिवा लाया, बोलचाल होने पर पहरेवालों से पकड़े जाने का डर था।

मारवाड़ी ने कहा—एक तो यह बाम्हन हैं, दूसरे आप कहते हैं, इसलिए मैंने इनको छोड़ दिया। पर यह न जान पड़ा आप इनको क्यों खोजते रहे हैं।

मैं सब बातों को कह कर आपका जी भी दुखाना नहीं चाहता, पर अब इनसे कुछ पूछूँगा। यह कह कर उस तीसरे जन ने, उस जन की ओर फिर कहा, क्यों मुझको तुम पहचानते हो? रमानाथ तुम्हारा ही नाम न है?

रमानाथ के जी में इस घड़ी एक अचंभे का उलट फेर हो रहा था, वह सोच रहा था, एक यह है जो दूसरे के दुख को दूर करना ही अपना धरम समझते हैं, एक मैं हूँ, जो दिन रात दूसरे के सताने ही में चैन पाता हूँ, क्यों उनका जी ऐसा है, और मेरा ऐसा! मैं इसको समझ नहीं सकता हूँ। पर कुछ कुछ जी में आज यह बात समाती है, जो भले हैं, उन्हीं को सुख मिलता है मैं जितना ही सुख को खोजता फिरता हूँ, उतना ही वह मुझसे दूर भागता है, राम जानें यह क्या बात है, यह सोच कर वह बोला, हाँ रमानाथ मेरा ही नाम है, पर मैं आपको पहचानता नहीं हूँ, आप बड़े लोग हैं सब कुछ जान सकते हैं, अनजान को भी पहचान सकते हैं, पर मैं पापी हूँ, आप जैसों को कैसे पहचान सकता हूँ।

यह तीसरे जन हमारे देवनन्दन हैं। रमानाथ की बातें सुनकर उनका जी भर आया,

उन्होंने झट उसका हाथ-पाँव खोल दिया। पीछे मारवाड़ी से कहा, अब हम लोग जाते हैं, आप भी घर में जाइये। पर एक बात आप से कहे जाता हूँ, आप धनी हैं, आपके बैरी कितने होंगे, इसलिए आपको बहुत रात गये घर से बाहर न जाना चाहिये।

मारवाड़ी ने कहा, आप बहुत ठीक कहते हैं, पर आज दो घड़ी रात गये अचानक मेरा साथ मेरे साथियों से छूट गया, मैं एक भलेमानस के यहाँ काम से गया था, वहाँ से आ रहा था, बीच ही में यह बात हो पड़ी। साथ तो छूटा ही, पंथ भी भूल गया, इसी से आज यह धोखा हुआ, नहीं तो मैं कभी रात को अकेले बाहर नहीं जाता और न बहुत रात बीते तक कहीं रहता हूँ।

इतना कह कर वह मारवाड़ी उठा, और घर में से पाँच पाँच सौ रुपये की दो थैलियाँ ला कर देवनन्दन के सामने रक्खीं, और कहा, आपने जो कुछ आज मेरे साथ किया है, उसका पलटा जनम भर मुझसे नहीं हो सकता, पर इन दो थैलियों को मैं आपकी भेंट करता हूँ, आप इनको लीजिए, और अपना टहलुआ मुझको समझते रहिये।

देवनन्दन ने कहा, रुपया लेकर मैं क्या करूँगा, मैंने तुमारा जी बचा कर अपना काम किया है, तुमारा नहीं, इसका कुछ निहोरा नहीं है, तुम इन रुपयों को अपने पास रक्खो, इनको किसी धरम के काम में लगाओ, भूखों कंगालों में इनको बाँटो, इसी से मेरे जी को सुख होगा, तुम्हारा जन्म सुधरेगा, धरती में इससे बढ़कर कोई दूसरा काम नहीं है।

इतना कह कर देवनन्दन, रमानाथ के साथ चले गये।

ग्यारहवाँ ठाट

धीरे धीरे गंगा बह रही हैं, घाट पर कोई नहाता है, कोई जल भरता है, कोई उतरता है, कोई चढ़ता है, कोई खड़ा निकलते हुए सूरज को जल चढ़ाता है, वहीं दो जन और बैठे हैं, एक देवनन्दन और दूसरे रमानाथ। भोर के कामों से छुट्टी पा कर इन दोनों जनों में बातें हो रही हैं। देवनन्दन ने कहा रामनाथ! आज चार साढ़े चार बरस तुमको घर छोड़े हुआ, तुम क्यों ऐसे हो गये हो जो घर चीठी भी नहीं लिखते, क्या तुमको अपने उस छोटे बच्चे अपनी उस सीधी घरनी की भी सुरत नहीं होती! उनका दिन कैसे बीतता होगा, उनको खाने पहनने को कौन देता होगा, कपड़ा न रहने पर, दो-दो दिन पीछे भी कुछ खाने को न मिलने पर, वह किस का मुँह देखते होंगे, क्या इन सब बातों को तुम कभी नहीं सोचते, तुम्हारे छोड़ जिनका कोई दूसरा नहीं है, तुम्हीं जिनके जीने मरने के साथी हो, क्या तुम्ही को फिर इतना निठुर होना चाहिए। पसू भी अपने बच्चे को प्यार करता है! चिड़ियाँ भी अपने जोड़े के साथ रहती हैं, पर तुम्हारा जी न जाने कैसा है, जो तुम इन्हीं सब को भूले बैठे हो। जब वह तुम्हारा छोटा बच्चा भूख लगने पर माँ, माँ, करता, सूखे मुँह आकर अपनी माँ के पास खड़ा होता होगा, कहता होगा, माँ! भूख लगी है, उस घड़ी उस दुखिया पर कैसी बीतती होगी, वह कितना रोती होगी, क्या यह सोचकर तुम्हारा कलेजा नहीं कसकता। वह भलेमानस की घरनी है, तुमको छोड़ उसको सहारा देनेवाला कौन है!!! रमानाथ! जो अब तक तुमने इन बातों को नहीं सोचा, तो क्या अब भी न सोचेगे?

रमानाथ ने रोते-रोते कहा। कल जब से मैंने आपको देखा है, तब से मेरा जी ठिकाने नहीं है, न जानें क्यों बहुत सी पिछली बातों की सुरत हो रही है, आज आपकी बातों को सुनकर कलेजा फटा जाता है, जी घबरा रहा है, पर मुझको यह नहीं सूझता है, मैं क्या करूँ, न जाने उस जनम में मैंने कैसी कमाई की है, जिससे मुझको यह सब भुगतना पड़ रहा है।

देवनन्दन—तुम उस जनम की कमाई को क्यों झींखते हो, उस जनम की कमाई तुम्हारी बहुत अच्छी रही है, जो अच्छी न होती, बाम्हन के घर में जनम न होता, देवबाला ऐसी घरनी न मिलती। तुम अपनी इस जनम की कमाई को झींखो, जिससे दूसरे जनम

में न जानें तुम्हारी कौन गत होगी। जो देवबाला तुम्हारे पाँवों की धूल माथे में लगा कर अपने को सुहागिनी जानती, जिस देवबाला ने तुम्हारे लिए अपने देह के गहने तक उतार दिये, जिस देवबाला को तुम्हारा औगुन भी गुन जान पड़ता है, जिसने तुमारी बुराई पर आँख न डाली, तुमको देवता समझा, तुमारा मुँह देखकर ही दुख को सुख माना, हाय! तुमने उसी देवबाला को छोड़ा, और उसको छोड़ा भी तो किसी बाबू की टहलुनी रक्खा, क्या इससे भी बुरी कमाई कोई हो सकती है, रमानाथ! तुम्हारा जनम बाम्हन के घर में हुआ है, तुमको दूसरों का भला करना चाहिए जो कुछ मिल जाय इसी पर संतोष रखना चाहिये, ऐसा काम करना चाहिए, जिससे किसी का जी न दुखे, सबसे प्यार के साथ बरतना चाहिए, जिन कामों को करने से धरती के जीवों का भला हो, उन्हीं में जी लगाना चाहिए, पर तुम चोरी, ठगी, बटमारी करते हो, धोखा देकर डराकर दूसरों से धन लेते हो, जिन बुराइयों का नाम सुनकर रोआँ खड़ा होता है, उन्हीं के करने में जी लगाते हो कल तुमको मैंने अपनी आँखों दूसरे का गला काटते देखा, इस पर भी तुमारे पास एक कौड़ी नहीं है, इन बुरे कामों को करके तुम जो कमाते हो, उसको रंडी भड़ुओं को खिला देते हो, नाच रंग में उड़ा देते हो क्या इन बुराइयों से बढ़कर भी कोई बुराई है! इन कमाइयों का पलटा उस जनम में तुमको क्या मिलेगा, क्या भूल कर भी अपने जी में सोचते हो! कोल, भील, भर, पासी जिन कामों के करने में हिचकते हैं! जिन बुराइयों का नाम सुन कर कान पर हाथ रखते हैं!!! वही बुराइयाँ तुमसे होती हैं, उन्हीं कामों को तुम करते हो!!! क्या इससे नरक में भी ठौर मिलेगी, मैं समझता हूँ ऐसे लोगों को देखकर नरक भी काँप उठेगा। रमानाथ! क्या अब भी तुम सोच सकते हो! क्या अब भी सच्चे जी से भगवान को पुकार कर कह सकते हो! प्यारे! जो चूक आज तुम मुझसे हुई आगे को मैं कान पकड़ता हूँ, तू उनको छिमा कर, तेरी ही दया से मेरे सब पापों के कट जाने का आसरा है। मैं समझता हूँ, तुम बाम्हन के घर में जनमे हो, बाम्हन का ही लोहू मास तुमारे में है, अब तक तुमने जो किया सो किया, अब से अपना जनम बना सकते हो?

रमानाथ रो रहा था, फूट-फूट कर रो रहा था, पाप एक एक करके उसकी आँखों के सामने नाच रहे थे, देवनन्दन की बातों से उसके कलेजे पर चोट सी लगी थी, वह डरा भी बहुत था, उससे बोला न जाता था, पर उसने जी थाम कर कहा, आप मुझको बचाइये, आप मुझ डूबते को सहारा दीजिए, अब आप जो कहेंगे, वही मैं करूँगा, दो महीना हुआ मेरी रखेली भी मर गयी, यह झंझट भी मेरे सिर से जाता रहा, रहा पेट का झमेला, उसके निबाह के लिए जो आप कहेंगे, वही मैं करूँगा, जिसमें मेरा भला हो, जिससे मैं भगवान को अपना मुँह दिखा सकूँ, आप उन्हीं बातों को बताइये, अब मैं उन्हीं को करूँगा।

देवनन्दन ने कहा, सबसे सीधा ढर्रा यही है, तुम घर चल कर अपने बालबच्चों में रहो, अपनी दुखिया घरनी के उजड़ते ये घर को बसाओ, भाग से भली कमाई से जो मिले

उसको खा-पीकर अपना दिन बिताओ, इसी में तुमारा भला होगा, भगवान को मुँह दिखाने जोग तुम इन्हीं कामों को करके होगे?

रमानाथ ने कहा—ना! घर मैं न चलूँगा, कौन मुँह लेकर चलूँ! मैं आप ही के साथ साधु हो कर रहूँगा। अपना भला मैं इसी में देखता हूँ।

देवनन्दन—क्यों न घर चलोगे? घर चलना होगा! यही मुँह लेकर घर चलो, इसी मुँह के लिए तुमारी दुखिया घरनी तरसती है! यही मुँह उसके अँधियाले जी का उँजाला है? इसी मुँह के देखने के लिए वह एक-एक घड़ी को एक-एक बरस ऐसा समझ रही है। जो अपने बालबच्चों में धरम के साथ रहता है, उसको साधु बनने से क्या काम है! तुम घर चलो, तुमारी भलाई इसी में है।

रमानाथ—मेरे खेत सब गिरों हैं, दूसरा काम करने आता नहीं, आज तक मुझको अपने ही पेट से छुट्टी नहीं है, कल घर चलने पर बालबच्चों का निबाह कैसे होगा, जिन बखेड़ों से घबराकर मैं भागा था, उन्हीं सब बखेड़ों को आप फिर मेरे सिर डालते हैं, घर चलने पर मेरी गत फिर जैसी की तैसी होगी, आप दया करके मुझको घर चलने को न कहिये?

देवनन्दन—यह लो, इसको पढ़ो, देखो तुम्हारे सब खेत छूट गये, मैं इन बस बातों को ठीक कर चुका हूँ, मैं जानता था, तुम घर आने की बात चलने पर यही कहोगे, मैं घर चल कर खाऊँगा क्या? इसीलिए इसका रुपया चुका कर इसको साथ लेता आया हूँ, जो तुम न पढ़ सकते हो, इसको किसी से पढ़ा देखो। फिर आज तक तुम्हारे बालबच्चों का निबाह कैसे होता है! जिस दाता ने आज तक उनका निबाह किया है, वही अब भी करेगा, तुमको ऐसी-ऐसी बातें न उठानी चाहिए।

रमानाथ, देवनन्दन की करतूत देखकर और उनकी बातें सुनकर अचरज में आ गया, बोला अब मैं क्या कहूँ, जो आप कहते हैं वही करूँगा, घर चलूँगा, मैं आपकी बात टाल नहीं सकता, आप कहते हैं घर चलने ही से मेरा भला होगा, तो मैं घर चलूँगा?

इतनी बातें होने पीछे दोनों जन घाट पर से उठे, और अपने डेरे की ओर चले गये।

बारहवाँ ठाट

जिस दिन देवनन्दन, देवबाला को समझा-बुझा कर रमानाथ को खोजने निकले, उसी दिन देवबाला को अपना दिन फिर फिरने का भरोसा हुआ, एक महीने तक वह बहुत अच्छी रही पर सुख उसके भाग में बदा न था, दूसरे महीने उसको थोड़ा-थोड़ा जर आने लगा, तीसरे महीने वह बहुत बढ़ गया, खाना-पीना सब छुट गया, दिन-दिन वह दुबली होने लगी, कुछ दिन तक उठती बैठती रही, फिर उठ बैठ भी न सकती, दिन रात खाट पर पड़ी रहने लगी, अपना कोई पास न था, देखभाल दौड़-धूप कौन करे, उसी पड़ोस की बूढ़ी बाम्हनी से जो कुछ बनता, वह करती, उसने लोगों से पूछपाछ कर देवबाला को दो एक औखध भी खिलायी, पर उससे कुछ न हुआ, दिन दिन उसका रोग बढ़ता ही गया, आज उसकी दसा तनक भी अच्छी नहीं है, बुढ़िया मन मारे उसकी खाट के पास बैठी है, कभी चुपचाप रोती है, कभी देवबाला की आँख बचाकर आँसुओं को पोंछ देती है। देवबाला का चार बरस का छोटा बच्चा भी उसी खाट के पास खड़ा है, कभी रोता है, कभी माँ, माँ, कर के खाने को माँगता है, कभी धूल में लोटता है, कभी मुँह के पास जा कर कहता है, माँ! बोलती क्यों नहीं हो?

लड़के का रोना सुनकर देवबाला ने आँखें खोलीं, हाथ से लड़के को पास बुलाया, अपने आँचल से उसका धूल का झाड़ा कहा, बेटा क्यों रोते हो! अभी तुमारी माँ जीती है, इतना कहकर देवबाला ने लड़के को गोद में बैठा लिया, पर इतना रोई जिससे बिछावन तक भीग गया।

बुढ़िया ने कहा क्यों रोती हो देवबाला, अभी तुमारा क्या बिगड़ा है, इस बच्चे का मुँह देखो! इसको न रुलाओ, तुमारा मुँह देखकर यह रो-रो उठता है! ढाढस करो, इतना निरास क्यों हो!!!

देवबाला की साँसें चल रही थीं, बहुत बोला न जाता था, पर उसने जी थामकर कहा, जीजी? रोने दो, कल मैं रोने न आऊँगी, यह ढाढस करने का वेला नहीं है, फिर ढाढस कर ही के क्या होगा, जिन आँखों ने आँसू बहाना ही सीखा है, वह जीते कैसे मान सकती है। हाँ! यह बच्चा रोता है! यह नहीं देखा जाता है! लड़के का आँसू पोंछकर और उसका

मुँह चूमकर देवबाला ने कहा, यह कभी नहीं देखा जाता है! कलेजा फटता है! मरने के दुख से भी यह दुख भारी जान पड़ता है! पर इसको तो अभी बहुत दिन रोना है, आज मैं इसका धूल झाड़ती हूँ, मुँह चूमती हूँ, इसको रोते देख कर दुखिया बनती हूँ, हाय! कल इसका धूल कौन झाड़ेगा, कौन इसका मुँह चूमेगा, कौन इसको रोते देखकर कलेजा पकड़ेगा, कल यह किसको माँ कहेगा, कौन इसके मुँह को सूखा न देख सकेगी, भूख लगने पर जब यह रोवेगा, प्यास से जब इसका मुँह कुम्हिलावेगा, तब कौन इसको छाती से लगाकर कहेगी, बेटा मत रोओ। मेरे लाल! मत रोओ, देखो यह कलेऊ है, इसको खाओ! यह पानी तुमारे लिए लाई हूँ, इसको पीओ। कल यह बाल खोले मुँह बिचकाये रोता फिरेगा। धूल में भरा, भूखा, प्यासा, गलियों में ठोकरें खाता रहेगा, कभी माँ, माँ कर के कलपेगा, कभी एक टुकड़े रोटी के लिए, एक मुट्ठी अन्न के लिए तरसेगा, सूखे मुँह पछाड़ खा-खा कर धरती पर गिरेगा, उस घड़ी इसकी कौन गत होगी, कौन इसकी सुरत करेगा, मुझ भिखारिनी से जनमा जान कर लोग इससे घिन करेंगे, पास न फटकने देंगे, उस घड़ी यह चार बरस का लड़का किसका मुँह देखकर जीयेगा, जीजी! लो, तुम्हारे गोद में मैं इसको देती हूँ! तुम्हीं इस दुखिया बच्चे को सम्हाल सकती हो, तुमारे बिना और कोई मुझको अपना नहीं जान पड़ता है, तुमने आज तक मुझको सम्हाला है, अब इस बच्चे को सम्हालना, यह बच्चा तुमारा ही है, इतना कहते-कहते देवबाला की आँखें फिर मुँद गयीं, फिर वह अबोल हो गयी, कुछ घड़ी पीछे कहा पानी! बुढ़िया ने थोड़ा पानी पिला दिया।

अब की बार उसकी आँखें फिर खुलीं, उसने चारों ओर देखा, कहा, जीजी! एक बात और जी में रही जाती है, क्या अब उनको न देख सकूँगी, इस घड़ी जो उनको एक बार देख पाती, तो सब दिन का दुख भूल जाती, मरने का दुख भी भूल जाती, देवनन्दन के गये आज तीन महीने पूरे हो गये, जाती बेले उन्होंने कहा था, मैं उनको तीन महीने के भीतर ही लेकर पहुँचूँगा, क्या आज वह आवेंगे, जीजी! जिस दिन देवनन्दन उनको खोजने निकले, उस दिन मुझको बहुत भरोसा हुआ था, मुझको कई दिन ऐसा जान पड़ा, वह आये हैं, मैं उनके पास बैठी हूँ, रो रही हूँ, कहती हूँ, मैंने क्या किया, जो तुम मुझको भूल गये थे, तुमारा कैसा कलेजा है, जो चार-चार बरस तुमने मेरी सुरत नहीं की, तुम बड़े निठुर हो, जो तुमारे ऊपर अपना प्रान तक निछावर करना चाहती है, तुमारा ही मुँह देखकर जो सब कुछ भूल जाती है, क्या उससे भी तुमको रूठना चाहिए। वह इन बातों को सुनते हैं, अपने हाथों मेरा आँसू पोंछते हैं, कहते हैं, क्या मैं तुमको भूल सकता हूँ, पर भाग ने जो चाहा सो किया, जाने दो अब इन बातों को कहकर मुझको न लजवाओ, पर हाय! जीजी! यह सब मेरा सपना था वह तो आज भी नहीं आये, जी की जी ही में रही जाती है, जो मैंने कुछ पुन्न किया हो, जो मेरी पहले जनम की कोई भली कमाई हो, तो मैं यही चाहती हूँ उनको एक बार और देखूँ, इस मरते बेले और एक बार उनको देखकर अपनी,

आँखें ठंडी करूँ, जीजी! क्या भगवान मेरी यह पुकार सुनेंगे?

जिस घड़ी देवबाला बुढ़िया से इन बातों को कह रही थी, उसी बेले बाहर किसी के पाँव की आहट सुन पड़ी, थोड़ी बेर में देवनन्दन ने घर के भीतर पाँव रक्खा, देखा, देवबाला की साँसें चल रही हैं, आँख टँग गयी हैं, और बात उसके मुँह से बहुत ही रुक रुक कर निकल रही है। देवनन्दन बाहर ही से देवबाला की दसा सुनते आये थे, घर में आकर उसकी यह दसा देखकर उनका कलेजा फट गया, बहुत सम्हालने पर भी जो न सम्हला, पर उन्होंने कलेजा थाम कर कहा, देवबाला! रमानाथ आये हैं, क्या कहती हो?

देवबाला ने प्यार के आँसू बहाकर कहा, भैया! अब इस जनम में भेंट न होगी, मैं चली, पर मरने के दुख से भी बढ़कर जो दुख था, उसको तुमने दूर किया, मैं इसका कहाँ तक निहोरा करूँ, मुझको भूल न जाना, मैं अब इस घड़ी यही चाहती हूँ, उनको यहाँ आने दो।

देवनन्दन बड़े दुख के साथ घर में से बाहर हो गये, बुढ़िया भी वहाँ से उठकर दूसरी ठौर चली गयी, थोड़ी बेर में धीरे-धीरे सिर नीचा किये रमानाथ ने उस घर में पाँव रक्खा, रमानाथ का सिर लाज से ऊपर न होता था, आँख से आँसू भी गिर रहा था। देवबाला ने उसके आते देखा, कुछ घड़ी के लिए सब दुख भूल गयी, इस घड़ी उसकी आँखों में आँसू न था, वह बोली, "क्या कहूँ, भाग में यही लिखा था, साढ़े चार बरस पीछे प्यारे से भेंट होगी तो उस घड़ी जब प्रान बाहर निकलते होंगे, तब भी मैं अपने को बड़भागिनी समझती हूँ, जो मरते मरते मुझको तुमारे पाँवों की धूल मिल गयी। इतना कहकर देवबाला ने रमानाथ को पास बैठाला, पाँवों की धूल लेकर आँखों से मला, माथे पर चढ़ाया, पीछे कहा, मैंने जान बूझकर कभी कोई चूक नहीं की है, जो भूल कर मुझसे कोई चूक हुई हो, तो मैं चाहती हूँ तुम उसको छिमा करो, जो कुछ भी तुमारे जी में मैल होगी, तो मैं भगवान को मुँह कैसे दिखाऊँगी, रमानाथ ने कहा, प्यारी! तुमसे, और चूक! यह कैसे हो सकता है, पर जो कोई चूक हुई हो, मैंने उसको छिमा किया, भगवान तुमारा भला करे। अब की बार देवबाला फिर रोई, बोली, कैसा अच्छा होता, जो यह बात कुछ दिन पहले तुमारे जी में आती! भाग ने जो चाहा किया, अब मैं चली, इस बच्चे को तुम्हें सौंपे जाती हूँ, देखो यह रो रहा है, इसको चुप कराओ, और असीस दो, मैं जनम-जनम तुमारे चरनों की दासी होकर जनमू पर ऐसा दुख किसी जनम में न पाऊँ, जैसा इस जनम में मिला है।" रमानाथ ने रोते-रोते देखा, इतना कहते कहते देवबाला की आँखें अचानक मुँद गयीं, और देखते ही देखते प्रान उसके दुखिया देह से बाहर हो गया।

तेरहवाँ ठाट

सूरज वैसा ही चमकता है, बयार वैसी ही चल रही है, धूप वैसी ही उजली है, रूख वैसे ही अपनी ठौर खड़े हैं, उनकी हरियाली वैसी ही है, बयार लगने पर उनके पत्ते वैसे ही धीरे धीरे हिलते हैं, चिड़ियाँ वैसी ही बोल रही हैं, रात में चाँद वैसा ही निकला, धरती पर चाँदनी वैसी ही छिटकी, तारे वैसे ही खिले, सब कुछ वैसा ही है, जान पड़ता है देवबाला मरी नहीं, धरती सब वैसी ही है, पर देवबाला मर गयी, धरती के लिए देवबाला का मरना-जीना दोनों एक सा है, धरती क्या, गाँव में चहल पहल वैसी ही है, हँसना, बोलना, गाना, बजाना, उठना, बैठना, खाना, पीना, आना जाना सब वैसा ही है, देवबाला के मरने से कुछ घड़ी के लिए दो एक जन का कलेजा कुछ दुखा था, पर अब उनको देवबाला की सुरत तक नहीं है। वह भी देवबाला को भूल गये। हाँ अब तक एक कलेजे में दुख की आग धहधहा रही है, अब तक एक जन की आँखों में आँसू बहता है, वह देवबाला के लिए बावला बन रहा है, यह दूसरा कोई नहीं रमानाथ है। पीछे किरिया करम का झमेला हुआ, दूसरे कामकाज की झंझट हुई, रमानाथ को ही यह सब सम्हालना पड़ा, धीरे-धीरे उसका दुख भी घटने लगा, धीरे-धीरे वह भी देवबाला को भूल रहा है। एक-एक कर के दिन जाने लगे, देवबाला को मरे कई दिन हो गये, पर देवनन्दन अब तक उसको नहीं भूले हैं, अब तक वह लड़कपन की हँसती खेलती देवबाला, अब तक वह ब्याह के पहले की, बिना घबराहट की, लजीली, देवबाला, अब तक वह दुखिया रोती कलपती देवबाला, उनकी आँखों में, कलेजे में, जी में, रोंये-रोंये में, घूम रही है। सोते, उठते, बैठते, खाते, पीते, देवबाला ही की सूरत उनका बँध रही है। वह सोचते हैं। क्यों! देवबाला की कोई ऐसी कमाई तो नहीं थी जिससे उसको इतना दुख मिले, फिर किसलिए उसका ब्याह ऐसे निठल्लू, निकम्मे, अनपढ़, बुरे के साथ हुआ, जिससे उसको कलप-कलप कर दिन बिताना पड़ा, क्यों उसके माँ-बाप ने उसको ऐसे घर में ब्याहा, जहाँ वह एक मूठी नाज के लिए भी तरसती रही। क्यों ब्याह के छही महीने पीछे ससुर मर गया, बरस भर पीछे पुरुख परदेस चला गया, उसके थोड़े ही दिन पीछे सास भी मर गयी। माँ-बाप जगरनाथ जी गये, फिर न लौटे, रमानाथ कहते थे, वह दोनों एक ही दिन कलकत्ते में मर गये। क्यों एक के पीछे

एक यह सब कलेजा काँपनेवाली बातें होती गयीं, और क्यों जब उसके दिन फिर फिरने पर हुए तो वह आप ही चल बसी? क्या जो इस धरती पर डर कर चलता है वही मुँह के बल गिरता है? क्या धरम से रहने वाले ही को सब कुछ भुगतनी होती है? राम जानें यह क्या बात है! पर जो ऐसा न होता, देवबाला को इतना दुख न भोगना पड़ता। सास-ससुर सब दिन जीते नहीं रहते, माँ-बाप भी कभी लड़की के काम आते हैं, माँ, बाप, ससुर, सास के मरने से कभी देवबाला को इतना दुख न भुगतना होता, जो रमानाथ भला होता, रमानाथ के बुरे और निकम्मे होने ही से देवबाला की यह सब दसा हुई। इससे मैं समझता हूँ देस की बुरी रीत जो रमाकान्त के जी को डाँवाडोल न करती, अनसमझी से जो वह हाड़ ही को सब बातों से बढ़कर न समझते, झूठे घमंडों के बस उतर कर ब्याह करके लोगों से हँसे जाने का जो उनको डर न होता, तो वह हठ न करते, और जो वह हठ न करते, तो रमानाथ जैसे क्रूर के साथ देवबाला का ब्याह न होता, और जो रमानाथ के साथ देवबाला का ब्याह न होता, तो कभी देवबाला जैसी भली तिरिया की यह दसा न होती। देस की बुरी रीतियों, झूठे घमंडों से कितने फूल जो ऐसे ही बिना बेले कुम्हिला जाते हैं, कितनी लहलही बेलियाँ जो नुच कर सूख कर धूल में मिल जाती हैं, नहीं कहा जा सकता, राम! क्या तुम यही चाहते हो, यह देस बुरी रीतियों के बस ऐसे ही दिन मिट्टी में मिलता रहे?

इतना कहकर देवनन्दन फिर सोचने लगा, जब मैंने जग से सब नाता तोड़ लिया, जी के उचाट से घर दुआर छोड़ कर साधु हो गया, अपना ब्याह तक नहीं किया, एक कौड़ी भी अपने पास नहीं रखता, काम लगने पर दूसरे का दुख छुड़ाने के लिए दो चार सौ अपने भाई से लेता था, अब वह भी नहीं लेता, उसी को समझा दिया, मेरे बाँट के रुपये से दीन दुखियों का भला करते रहना, जब इस भाँत मैं सब झमेलों से दूर हूँ, तूँबा और लँगोटी ही से काम रखता हूँ, तो फिर एक तिरिया की घड़ी घड़ी सुरत किया करना, उसके दुखों को सोच-सोच कर मन मारे रहना, देस की बुरी रीत के लिए कलेजा पकड़ना, आँसू बहाना, मुझको न चाहिए, अब इन बखेड़ों से मुझको कौन काम है, धरती का ढंग ही ऐसा है, सब दिन सबका एक सा नहीं बीतता, उलट फेर इस जग में हुआ ही करता है, इसको कौन रोकने वाला है। फिर उसने सोचा भभूत लगाने से क्या होगा, गेरुआ पहनने से क्या होगा, घर दुआर छोड़ने से क्या होगा, लँगोटी किस काम आवेगी, तूँबा क्या करेगा, साधु होने ही से क्या, जो दूसरे का दुख मैं न दूर करूँ, दुखिया को सहारा न दूँ। जिस काम के करने से दस का भला हो उसमें जी न लगाऊँ। देस की बुरी रीत के दूर होने के लिए जतन करना, लोगों के झूठे घमंडों को समझा बुझाकर छुड़ाना, जिससे एक को कौन कहे लाखों का भला होगा, क्या मेरा काम नहीं है, क्या मेरे साधु होने का सबसे बड़ा फल यह नहीं है? देवबाला भूल जावे, भूल जावे, उसको अब भूल जाना ही अच्छा है! पर साँस रहते

मैं दूसरे की भलाई के कामों को कैसे भूल सकता हूँ! पर क्या कभी मेरे मन की बात पूरी होगी? क्या कभी यहाँ वाले अपने देस की बुरी चालों का दूर करना सीखेंगे? क्या दूसरों की भलाई का रंग यहाँ बालों पर चढ़ सकता है? क्या हठ छोड़ कर इस देस के लोग भली बातों के करने में जी लगा सकते हैं? क्या जतन करने से कुछ होगा?

इसी बेले देवनन्दन ने सुना, जैसे किसी ने कहा, "हाँ होगा" उन्होंने आँख उठा कर देखा, अकास से एक जोने सामने उतरती चली आती है, और उसी में बैठा जैसे कोई कह रहा है "हाँ! होगा" देवनन्दन थिर हो कर उसको देखने लगे, उसी में से फिर यह बात सुन पड़ी, "क्यों मुझको तुम जानते हो? मेरा नाम आसा है, मेरे बिना धरती का कोई काम नहीं चल सकता, मैं तुमको बतलाती हूँ, जतन करो जतन करने से सब कुछ होगा" देवनन्दन ने बहुत विनती के साथ कहा, कब तक होगा माँ? फिर बात सुनने में आयी, "जतन करने वालों को कब तक की बात मुँह पर लानी चाहिए, जब तक उसका काम न हो तब तक उसको जतन करते रहना चाहिए" देवनन्दन ने देखा, इतनी बातों के कहने पीछे यह जोत फिर आँखों से ओझल हो गयी।

देवनन्दन कब तक जीते रहे और किस किस ढंग से उन्होंने देस की बुरी चालों के दूर करने के लिए जतन किया, कैसे कैसे खोटी रीत छुड़ा कर अपने देस भाइयों का भला करना चाहा, इन सब बातों को यहाँ उठाने का काम नहीं है, पर जब तक वह जीते रहे, उनका यही काम था, कुछ दिनों पीछे रमानाथ भी उनका साथी हो गया था, बहुत दिन तक लोगों ने देवनन्दन को दूसरों की भलाई के लिए घूमते देखा था, पर पीछे उनको भी धरती छोड़नी पड़ी। जिस दिन उन्होंने धरती छोड़ी, उस दिन चारों ओर से लोगों को यह बात सुन पड़ी थी, "क्या फिर कोई देवनन्दन जैसा माई का लाल न जनमेगा"।

❑